# PANIK STOPPEN

*23 wirksame Entspannungstechniken, um Panikattacken schnell zu beenden. So gewinnen Sie die Kontrolle über Ihr Leben zurück*

**DERICK HOWELL**

© **Copyright 2020 - Alle Rechte vorbehalten.**

Der in diesem Buch enthaltene Inhalt darf ohne direkte schriftliche Genehmigung des Autors oder Herausgebers nicht reproduziert, vervielfältigt oder übertragen werden.

Unter keinen Umständen wird dem Verlag oder Autor die Schuld oder rechtliche Verantwortung für Schäden, Wiedergutmachung oder finanziellen Verlust aufgrund der in diesem Buch enthaltenen Informationen direkt oder indirekt übertragen.

Rechtliche Hinweise:

Dieses Buch ist urheberrechtlich geschützt und nur für den persönlichen Gebrauch bestimmt. Ohne die Zustimmung des Autors oder Herausgebers darf der Leser keinen Inhalt dieses Buches ändern, verbreiten, verkaufen, verwenden, zitieren oder umschreiben.

Haftungsausschluss:

Bitte beachten Sie, dass die in diesem Dokument enthaltenen Informationen nur zu Bildungs- und Unterhaltungszwecken dienen. Es wurden alle Anstrengungen unternommen, um genaue, aktuelle, zuverlässige und vollständige Informationen zu liefern. Es werden keine Garantien jeglicher Art erklärt oder impliziert.

Die Leser erkennen an, dass der Autor keine rechtlichen, finanziellen, medizinischen oder professionellen Ratschläge erteilt. Durch das Lesen dieses Dokuments stimmt der Leser zu, dass der Autor unter keinen Umständen für direkte oder indirekte Verluste verantwortlich ist, die durch die Verwendung der in diesem Dokument enthaltenen Informationen entstehen, einschließlich, aber nicht beschränkt auf Fehler, Auslassungen oder Ungenauigkeiten.

# BONUSHEFT

Mit dem Kauf dieses Buches haben Sie ein kostenloses Bonusheft erworben.

In diesem Bonusheft „14 Tage Achtsamkeit" erhalten Sie bewährte Achtsamkeitstechniken, die Sie in Ihrem Alltag problemlos anwenden können, um mehr im gegenwärtigen Moment zu leben. Sie können damit täglich mehr Ruhe und Frieden in Ihr Leben bringen.

**Alle Informationen darüber, wie Sie sich schnell dieses Gratis-Bonusheft sichern können, finden Sie am <u>Ende dieses Buches</u>.**

Beachten Sie, dass dieses Heft nur für eine begrenzte Zeit kostenlos zum Download zur Verfügung steht.

# INHALTSVERZEICHNIS

Einführung .................................................................... 1

Kapitel 1: Wie fühlt sich eine Panikattacke an? ................ 7

Kapitel 2: Ursachen und Symptome von Panikattacken ............ 17

Kapitel 3: Vorurteile und Irrtümer im Zusammenhang mit Panikattacken ................................................................ 31

Kapitel 4: Wie man während einer Panikattacke ruhig bleiben kann ................................................................ 41

Kapitel 5: Schluss mit den Panikattacken ................................. 51

Kapitel 6: Wirksame Entspannungstechniken .......................... 65

Kapitel 7: Wie sich Panikattacken verhindern lassen ................ 75

Kapitel 8: Wie Sie Ihre Ängste vor Panikattacken und Phobien überwinden ................................................................ 91

Kapitel 9: Kognitive Verhaltenstherapie und EMDR-Therapie: Behandlungsarten ohne Medikamente ........ 101

Kapitel 10: Die richtige Hilfe finden ....................................... 109

Abschließende Worte ............................................................. 119

Anhang .................................................................... 123

Referenzen ............................................................. 137

Bonusheft ............................................................... 141

# EINFÜHRUNG

Während Panikattacken beängstigend sind, müssen Sie nicht zwingend in einer beängstigenden Situation auftreten. Sie könnten sich auf einer Wanderung befinden, in einem Restaurant oder schlafend im Bett, und dann, aus dem Nichts, fühlen Sie, wie Sie eine Welle der Angst überwältigt. Diese Angst löst körperliche Symptome aus, wie Herzrasen, Schweißausbrüche, Atemnot, Übelkeit, Schmerzen im Brustkorb und Zittern. Dieses schreckliche Gefühl kann zwischen fünf und zwanzig Minuten andauern, und das Schlimmste ist, dass Sie vermutlich nicht mit dieser beängstigenden Sache gerechnet haben. Sie sind ganz gewöhnlich Ihrem Alltag nachgegangen, bevor Sie die Angst überfallen hat.

Es gibt keine bekannte unmittelbare Ursache für Panikattacken und Menschen jeden Alters können darunter leiden. Das Verhängnisvolle daran ist, dass Panikattacken mit einigen gravierenden physischen und psychischen Symptomen einhergehen, welche oftmals so schwerwiegend sind, dass ein Mensch, der eine Panikattacke durchlebt, mit der Angst um sein Leben in der Notaufnahme endet. Betroffene neigen dazu, Ihre Panikattacken routinemäßig falsch einzuschätzen, aber nicht, weil sie etwa gelogen oder übertrieben haben. Sie hatten tatsächlich starke Schmerzen in der Brust, konnten kaum atmen oder nahmen nur kurze, flache Atemzüge, die sie nach Luft ringen ließen. Es ist nicht verwunderlich, dass Ihre Familienmitglieder einen Krankenwagen riefen, um Sie ins Krankenhaus zu bringen, als sie das erste Mal Zeuge eines Anfalles wurden.

Während der Arzt alle Tests durchführt und zu dem Entschluss kommt, dass mit Ihnen alles in Ordnung ist, überrascht er Sie mit der Neuigkeit, dass Sie eine Panikattacke hatten. Sie glaubten zu sterben, doch es war eine Panikattacke Möglicherweise erhalten

Sie sogar Besuch vom Bereitschaftspsychiater, damit dieser Sie beurteilen kann. Was Sie jedoch aus diesem Besuch mitnehmen werden, ist, dass sich Angstanfälle behandeln lassen.

Es gibt zahlreiche Behandlungsmöglichkeiten für Panikattacken, darunter die Änderung Ihrer Denkweise, präventive Maßnahmen zur Vorbeugung einer Panikattacke während der eigentlichen Paniksituation, therapeutische Ansätze und andere Behandlungen. Angststörungen und Panikattacken können geheilt werden! Tatsächlich gibt es sechs therapeutische Methoden zur Behandlung. In diesem Buch werden wir verschiedene Strategien vorstellen, die Ihnen helfen können, Ihr Leben wieder zu kontrollieren. Ich werde Ihnen das Fünf-Schritte-System von *AWARE* vorstellen (**A**nerkennung und **A**kzeptanz der Panikattacke, **W**arten und **W**erten, **A**ktionen zur Linderung der Symptome, **R**epetition und **E**nde). Das mag für Sie noch keinen Sinn ergeben, aber ich werde Ihnen diese und ähnliche Strategien einfach und verständlich erklären, sodass Sie Ihre Panikattacken schnellstmöglich in den Griff bekommen.

Früher litt ich ständig unter Panikattacken. Diese kamen insbesondere vor Veranstaltungen, bei denen ich vor großen Menschenmengen sprechen musste. Im Laufe der Jahre und mittels Erfahrungen habe ich gelernt, damit umzugehen. Ich werde Ihnen aus erster Hand einige der Techniken weitergeben, mit denen ich diese Panikattacken gestoppt habe. Es gab Zeiten, zu welchen ich aus Angst vor der nächsten Panikattacke sogar meinen Job und meine Vortragstätigkeit einstellen wollte. Ich traf allerdings den Entschluss, mehr über meine Panikattacken zu erfahren und mein Bestes zu tun, um diesen ein Ende zu setzen. Ich habe die lähmende Panik und die Todesangst durchlebt und habe vor, Ihnen die Techniken und Strategien beizubringen, die ich zur Bewältigung meiner eigenen Attacken eingesetzt habe. Ich habe es geschafft und nun möchte ich mein Wissen gerne mit Ihnen teilen.

In diesem Buch erfahren Sie, wie Sie Ihre Panikattacken stoppen und kontrollieren können, wie Sie sich während der heftigsten Attacken beruhigen können, und Sie lernen einige wirkungsvolle Entspannungstechniken kennen. Ich bin zuversichtlich, dass Sie Ihre Phobien überwinden und sich von Panikattacken befreien können!

Dieses Buch wird Ihnen diverse Strategien zur Verhinderung von Panikattacken aufzeigen und Sie über die wichtigsten Therapien informieren. Zudem werde ich Sie auch dabei unterstützen, einen passenden Therapeuten zu finden und Sie darüber aufklären, welche Fragen Sie im Vorfeld mit ihm klären sollten.

Sie sind vermutlich nicht alleine mit Ihrem Problem. Sobald Sie anfangen, Ihrer Familie und Ihren Freunden über Ihre Erfahrungen zu berichten, wird sich wohl herausstellen, dass der Eine oder der Andere von ihnen Ihren Leidensdruck aus erster Hand nachvollziehen kann. Sie werden zu dem Ergebnis kommen, dass Frauen und Männer aus jeglichen Lebensbereichen schon unter Panikattacken gelitten haben. Es ist wichtig, dass Sie sich an jemanden wenden, von dem Sie Unterstützung erhalten. Die Lektüre dieses Ratgebers kann ein erster Schritt sein. Vielleicht möchten Sie dieses Buch auch mit Ihrer Familie teilen, sodass diese versteht, wie Sie Ihnen eine Stütze sein kann oder Sie bringen das Buch zu Ihrer therapeutischen Sitzung mit. Dort können Sie die hier enthaltenen Ratschläge und Strategien diskutieren und gemeinsam mit Ihrem Therapeuten entscheiden, was davon für Sie infrage käme.

Dieses Buch ist nicht als Ersatz für eine medizinische Behandlung gedacht. Es ist sehr wichtig, dass Ihr Arzt alle anderen möglichen Krankheiten ausschließt, die Ihre Symptome verursachen könnten. Sobald Sie jedoch die Bestätigung haben, dass Sie tatsächlich unter Panikattacken leiden, können Sie damit beginnen, die Strategien in diesem Buch durchzugehen und sie zur Bekämpfung dieser überwältigenden Panikattacken einzusetzen. Weil ich möchte, dass Sie über die bestmöglichen Ressourcen verfügen, habe ich in dieses Buch die besten Therapien und Medikamente aufgenommen, die sich zur Behandlung von Panikattacken als hilfreich gezeigt haben.

Wenn Sie zu einem Therapeuten oder Psychiater gehen, ist es gut zu wissen, welche Medikamente sie Ihnen zur Verfügung stellen können. Es gibt viele verschiedene Kategorien von Arzneimitteln, die bei Angstzuständen verschrieben werden. Dieses Buch stellt Ihnen eine Liste der verschiedenen Optionen zur Verfügung.

Es gibt keine vorgegebene Kombination von Medikamenten, die Ihnen aus dem Stegreif verschrieben werden kann. Tatsächlich muss die Wirkung der Medikation immer wieder überprüft werden. Der Psychiater wird Ihnen bei der Schilderung Ihrer Angst zuhören. Insbesondere wird er ihren Auslösern nachgehen und erfragen, wie Sie auf Ihre Angst reagieren. Dann wird er versuchen, die beste Art von Medikamenten für Ihre individuelle Reaktion auf die Angst zu finden. Der Psychiater wird in spätestens einem Monat eine Nachuntersuchung einplanen, um ihren Gesundheits- und Gemütszustand zu evaluieren. Dies ist eine wichtige Kontrolluntersuchung, denn sie gibt Ihnen die Möglichkeit, auf Nebenwirkungen, die bei Ihnen auftreten, hinzuweisen und einzuschätzen, wie wirksam das Medikament gegen Ihre Angst ist. Während dieser Untersuchung kann Ihr Psychiater Ihre Dosierung anpassen oder andere Medikamente vorschlagen.

In diesem Buch erhalten Sie eine Liste von Medikamenten und eine Beschreibung der einzelnen Kategorien. Wenn Sie dann einen Spezialisten aufsuchen, sind Sie gut aufgeklärt und können mitentscheiden, welche Medikamente Sie in Betracht ziehen werden.

Durch das Lesen dieses Buches können Sie Ihre Panikattacken beseitigen und Ihre Symptome mildern. Panikattacken brauchen Sie nicht für den Rest Ihres Lebens zu begleiten - Sie können etwas tun, um diesen Teufelskreis zu durchbrechen und dieses Buch wird Ihnen genau dabei helfen.

Sollten Sie sich zu diesem Zeitpunkt in einer Panikattacke befinden, kann dieser Ratgeber jetzt sofort Abhilfe verschaffen - genau in dieser Minute. In den Kapiteln vier und fünf finden Sie heraus, wie Sie eine Attacke unterbinden können, indem Sie während dieses intensiven Anfalles ruhig bleiben. Insgesamt werden Sie mit diesem Buch ein entscheidendes Know-how zum Verstehen und Heilen Ihrer Panikattacken erwerben.

KAPITEL 1:

# Wie fühlt sich eine Panikattacke an?

Panikattacken sind keine Neuheit in der Gesellschaft. Früher wurden Menschen, die unter solchen Attacken zu leiden hatten, als nervös oder überreizt bezeichnet. Anfänglich hielt man Panikattacken weniger für eine psychische Erkrankung, sondern vielmehr für ein Defizit des Charakters. Oft kam es vor, dass Menschen, die unter solch einer Erkrankung litten, in Krankenhäusern oder, in einigen tragischen Fällen, sogar in geschlossenen Institutionen untergebracht wurden. Panikattacken sind seit jeher bekannt, aber erst in jüngster Zeit haben wir begonnen, ihre Dynamik zu verstehen.

Panikattacken sind alltäglich, sie werden jeden Tag von Frauen und Männern durchlebt. So kann es beispielsweise vorkommen, dass eine Person, im Hinblick auf eine anstehende Prüfung, Zertifizierung, einen Termin mit der Steuerbehörde oder ein bevorstehendes gesellschaftliches Ereignis, nervös wird. Bedeutet dies also zwangsläufig, dass diese Person unter Panikattacken leidet?

In diesem Kapitel werden Sie vier verschiedene Akteure kennenlernen, welche mit Panikattacken zu kämpfen haben. Jedes dieser vier Individuen könnte jemand sein, der Ihnen zufällig auf der Straße über den Weg läuft. Was sie verbindet, ist die Tatsache, dass die Attacken ihr tägliches Leben fest im Griff haben. Diese vier Fallbeispiele sind nur einige unter vielen. Sie sollen illustrieren, wie sich eine Panikattacke anfühlt.

## Alice und ihre Panikattacke

Alice saß in ihrem Auto und hoffte, dass ihr Herz endlich zu pochen aufhören würde. Sie hatte vor dem Krankenhaus geparkt, wo ihr neugeborener Enkel auf sie wartete. Alice bekam kaum noch Luft und zitterte. Sie hatte das Gefühl, dass sie mit Sicherheit sterben würde, wenn sie aus dem Auto ausstiege. Das Krankenhaus war riesig und die Entbindungsstation befand sich am äußersten Ende der Einrichtung. Wie würde sie dorthin gelangen? Sie öffnete die Tür und stieg aus dem Auto aus, während sie sich an der Tür festhielt. Ihr Herz klopfte stärker und ihre Knie waren schwach. Sie wagte einen Schritt, aber ihr wurde schwindelig. Sofort stieg sie wieder in ihr Auto ein. Inzwischen schwitzte sie erheblich und zitterte im eiskalten Wind. Als sie nach ihrem Telefon griff, um ihren Sohn anzurufen, graute es ihr davor, ihm sagen zu müssen, dass sie ihren frisch geborenen Enkel wegen ihrer Panikattacke nicht besuchen könne. Sie begann zu weinen - es war nicht gerecht. Sie legte den Hörer auf, weil sie massive Schmerzen in der Brust verspürte und fürchtete, einen Herzinfarkt zu erleiden. Sie wusste nicht, was sie tun sollte, sie hatte solche Angst davor, in ihrem Auto zu sterben, doch wohin sollte sie gehen? In die Notaufnahme?

Alice wusste aus Erfahrung, dass das, was ihr widerfuhr, kein Herzinfarkt war, vielmehr hatte sie eine Panikattacke. Was könnte sie tun, um sich zu beruhigen? Alice schloss ihre Augen und gab sich fünf Minuten Zeit, um wieder zu sich zu finden, damit sie dann nach Hause fahren könnte. Sie freute sich sehr darauf, ihren neuen Enkelsohn kennenzulernen. Es war zwar nicht das erste Mal, dass ihr so etwas passiert war, doch war es noch nie vorgekommen, dass ihr ihre Panikattacke bei einem wichtigen Ereignis zum Verhängnis wurde.

Zwanzig Minuten vergingen schnell und sie fühlte sich etwas ruhiger, sodass sie das Auto startete, um wegzufahren. Alice versuchte, während der Fahrt nicht auf das Krankenhaus zu schauen und fühlte sich nach wie vor schrecklich, aber je weiter sie sich vom Krankenhaus entfernte, umso mehr spürte sie, wie sich das enge

Band um ihrer Brust lockerte. Was sollte sie ihrem Sohn sagen? Dass sie nicht in der Lage gewesen war, aus dem Auto auszusteigen und ihren Enkel zu besuchen? Alice schniefte und wischte sich mit einem niedergeschlagenen Gefühl die Tränen weg. Woher kam dieses Gefühl? Sie wünschte, etwas gegen die Panikattacken unternehmen zu können, aber wer könnte ihr helfen? Wenn sie nur wüsste, was zu tun wäre, würde sich ihr Leben zum Besseren wenden.

## Bradley und seine Panikattacke

Bradley saß in der Lobby und wartete darauf, zu seinem Vorstellungsgespräch aufgerufen zu werden. Er hatte sich zwei Wochen lang auf dieses Vorstellungsgespräch vorbereitet. Er verfügte über die erforderlichen Qualifikationen und hatte sogar hervorragende ehrenamtliche Arbeit im Rahmen einer ähnlichen Position geleistet. Bradley war ein toller Kerl, aber er hatte in den letzten Monaten viel zu viele Vorstellungsgespräche geführt. Jedes Vorstellungsgespräch endete damit, dass er die Stelle nicht bekam.

Die charmante Rezeptionistin wies Bradley darauf hin, dass er mit dem Interview an der Reihe sei, und er erwischte sich dabei, wie er zu schnell aufstand. Der Schwindel überkam ihn. Er schloss die Augen und holte tief Luft, während er darauf wartete, dass die Benommenheit nachließ. Die charmante Rezeptionistin hielt ihm die Tür auf. Im Sitzungszimmer warteten der Personaldirektor und der leitende Ingenieur darauf, dass Bradley Platz nahm. Ihm war, als wäre ihm etwas im Hals steckengeblieben, er schluckte heftig, doch das Gefühl hielt an. Er spürte die Feuchtigkeit, die sich zwischen seinen Achseln und auf seinem Rücken ausbreitete. Bradley nickte den Männern zu und setzte sich.

Der Raum fühlte sich an wie ein Ofen und er bemerkte, dass seine Hände zitterten. Die Herren begannen, ihre Fragen zu stellen. Bradley versuchte nach besten Kräften zu antworten, doch sein Gedächtnis war wie ausgelöscht. Stattdessen sagte er, was er wochenlang geübt hatte - eine einstudierte, mechanische Wiedergabe seiner Erfahrungen. Während er sprach, fühlte er, wie ihm der Atem wich. Die beiden Herren sahen Bradley verdutzt an, was nichts dazu beitrug, den Schmerz zu lindern, der in seiner Brust zu wachsen begonnen hatte. Ihm war, als drücke ein schwerer Stein auf seine Brust. Er musste das Gespräch so schnell wie möglich verlassen, sonst würde etwas wirklich Schlimmes passieren, dessen war er sich sicher.

Tatsächlich widerfuhr Bradley genau in dieser Minute das Schlimmste. Bradley stand auf und holte seine Aktentasche, was die Männer dazu veranlasste, ihn schockiert anzustarren. Das Interview endete damit, dass Bradley benommen und nahezu bewusstlos zur Tür hinaustorkelte und es irgendwie aus dem Gebäude heraus und in sein Auto schaffte. Dies war Interview Nummer 20, das er gerade in den Sand gesetzt hatte. Er setzte sich in sein Auto und versuchte, wieder herunterzukommen, konnte sich aber nicht beruhigen, da sein Herz raste und er zitterte. Er konnte nicht mehr zu Atem kommen. In diesem Moment hatte Bradley das Gefühl, dass er sterben würde. Er legte seinen Kopf auf das Lenkrad und betete.

## Lisa und ihr Assistenzhund

Lisa stand in der Waschküche ihres Wohnblocks und wusch ihre Wäsche. Eine Ladung befand sich in der Waschmaschine, eine andere im Wäschetrockner und mit ihr im Waschraum war ihr Assistenzhund. Sie öffnete ihr Buch und begann zu lesen, als sie plötzlich aus dem Nichts ein lautes Geräusch aus ihrer Lektüre riss. Sie schreckte auf. Was war passiert? Innerhalb von Minuten brach sie in Schweiß aus, das Herz schlug heftig in ihrer Brust und ihr stockte der Atem. Ihr Hund Sandy näherte sich zielbewusst Sandys Handtasche, worauf sie sich in Erinnerung rief, dass sich irgendwo darin noch Medikamente finden lassen müssten. Schon einige Minuten nach der Einnahme des Medikamentes begann sich Lisa besser zu fühlen.

## Amandas Geschichte

In ihrem ersten Semester an der Universität wurde Amanda Opfer von Missbrauch durch ihren High-School-Schwarm. Eifersüchtig darauf, dass Amanda neue Freunde fand, wurde Josh Amanda gegenüber zunehmend feindseliger. Sie tat ihr Bestes, um Josh in ihr neues Leben einzubeziehen, doch er war nie zufrieden. Dann, eines Abends, nachdem sie zu einer Party auf dem Campusgelände gegangen waren, wurde Josh, der völlig betrunken war, gewalttätig, als er Amanda in ihrem Wohnheim absetzte. Angeheizt von seiner Eifersucht, begann Josh, auf Amanda einzuschlagen und trat sie, bis sie bewusstlos war. Anwesende, die Zeugen der Gewalttat wurden, riefen die Polizei und den Rettungsdienst.

Es war eine Nacht, die Amanda niemals vergessen würde.

Menschen, die ein gewaltsames oder traumatisches Erlebnis hinter sich haben, werden oft von Panikattacken heimgesucht. Amanda hatte mit Schwierigkeiten zu kämpfen, als sie an die Universität zurückkehrte. Ihre Panikattacken wurden von lauten Geräuschen ausgelöst. Diese Panikattacken, so stellte sich heraus, waren Anzeichen einer *Posttraumatischen Belastungsstörung (PTBS)*.

Es gibt zahlreiche Situationen, die eine Panikattacke hervorrufen können. Dabei variieren der Schweregrad und das Ausmaß der Attacken. Sie müssen nicht zwangsläufig an einer Posttraumatischen Belastungsstörung leiden, um Panikattacken zu durchleben.

Damit wir als Leser und Zuhörer ein besseres Verständnis davon bekommen, wie es ist, eine schwere Panikattacke zu haben, hat sich Amanda bereit erklärt, einige Fragen zu beantworten und der Veröffentlichung dieser Antworten im Rahmen dieses Buches zugestimmt.

*Wie hast du die Zeit nach dem Angriff erlebt?*

Ein paar Tage, nachdem ich aus dem Krankenhaus zurückgekehrt war, fühlte ich mich nicht mehr wie ich selbst. Ich weinte aus einem scheinbar unerklärlichen Grund und war deprimierter als je zuvor. Als es an der Zeit war, wieder am Unterricht teilzunehmen, konnte ich mich einfach nicht dazu durchringen. Ich blieb in meinem Zimmer und weigerte mich vehement, herauszukommen. Es hatte den Anschein, als fürchtete ich mich vor allem und jedem, selbst vor meinem eigenen Schatten.

*Konntest du dich letztlich noch überwinden, dein Zimmer zu verlassen?*

Allerdings. Meine Eltern überredeten mich, wieder zum Unterricht zu gehen, denn sonst wäre es, als hätte mir Josh etwas Wertvolles gestohlen. Also ging ich wieder hin, aber leicht war es nicht.

*Warst du angespannt, als du wieder auf dem Campus warst?*

Ich war mehr als angespannt. Ich hatte eine regelrechte Panikattacke, als ich über den Innenhof ging, um zu meiner Vorlesung zu gelangen. Von einer großen, lauten Menschenmenge umgeben zu sein, war für mich ein Auslöser. Auf dem Schulhof bin ich völlig durchgedreht.

*Was ist vorgefallen?*

Mein Herz klopfte so schnell, als würde es jeden Augenblick aus meiner Brust platzen. Ich begann zu zittern und konnte nicht mehr richtig atmen. Letztlich hyperventilierte ich und fiel dann in Ohnmacht. Es war eine erniedrigende Erfahrung. Nach diesem Vorfall hat meine Mutter einen Therapeuten für mich gefunden. Ich fing an, an meiner Angststörung zu arbeiten. Es war hart, zumal ich mich von allen isoliert hatte: Weder meine Eltern noch meine Freunde und Lehrer kamen noch an mich heran.

*Wie lange ging das so?*

Einige Monate vergingen. Ich isolierte mich mehr und mehr und fing sogar an, alleine zu trinken und Marihuana zu rauchen. Dann wurde ich es leid, immer alleine zu sein. Meine Freunde hatten es gut in der Schule und gingen vielen Aktivitäten nach, während ich nur zu Hause saß und von Tag zu Tag depressiver wurde. Ich dachte sogar über Selbstmord nach.

*Hattest du Panikattacken während dieser Zeit?*

Sie kamen jedes Mal, wenn ich das Haus verlassen musste. Sie waren nicht so schwerwiegend wie der Zusammenbruch auf dem Innenhof, aber sie waren gravierend genug, um meinen Alltag zu beeinträchtigen. Meine Eltern bestanden darauf, dass ich zur Schule ging, aber schon das morgendliche Aufstehen und Anziehen war eine Qual. Ich war wie gelähmt von den Panikattacken. Wenn meine Eltern mich zur Schule fuhren, spürte ich, wie mein Herz in der Brust schlug und ich hatte diese große Angst, dass ich die Kontrolle verlieren und etwas wirklich Verrücktes tun würde.

*Leidest du noch immer unter diesen Attacken?*

Nein, inzwischen geht es mir wieder besser. Die Therapiesitzungen haben mir sehr geholfen, die Kontrolle über die Panikattacken zu bekommen.

*Inwiefern war die Therapie eine Unterstützung für dich?*

Nun, in der Therapie habe ich zunächst gelernt, was meine Panikattacken auslöst. Anschließend hat mir mein Therapeut geholfen, Wege zu finden, mit meinen Panikattacken umzugehen. Ich glaube nicht, dass ich jemals vergessen werde, was passiert ist, aber die Erinnerung daran ist nicht mehr so lebhaft. Und nach und nach gibt es weniger Auslöser.

*Welche Ressourcen und Hilfsmittel hast du bei der Therapie zur Bewältigung von Panikattacken erhalten?*

Ich habe gelernt, achtsam zu sein und mich nicht unter Druck zu setzen, wenn ich mich in einer Situation unwohl fühle. Mein Therapeut hat mir geraten, ein Tagebuch zu führen, um meine Gefühle zu ergründen, und das hat mir sehr geholfen. Ich habe auch einige Atemübungen und Bewältigungsstrategien mitgegeben bekommen, die ich bei einer drohenden Panikattacke anwenden kann.

*Bist du jetzt also über den Berg?*

Ich weiß nicht, ob ich mich je wieder besser fühlen werde, aber ich habe viel mehr Selbstvertrauen. Ich habe gelernt, es einfach ruhig angehen zu lassen und nicht zu hart zu mir selbst zu sein, wenn ich schlechte Tage habe.

*Was würdest du anderen raten, die von Panikattacken betroffen sind?*

Ich würde ihnen empfehlen, so viele Bewältigungstechniken wie möglich zu erlernen.

## Panikattacken und ihre Symptome

Jede dieser vier Personen litt unter Panikattacken, aber aus verschiedenen Gründen und auf unterschiedliche Weise, dennoch schien sich jede Panikattacke in ähnlicher Weise zu manifestieren. So wie sich die Gründe für die Panikattacken unterschieden, so variierten auch die Symptome, die während einer Attacke oder eines Vorfalles auftraten. Eine Person kann alle Symptome oder nur einige wenige haben.

Die Dauer und Intensität einer Panikattacke kann ebenfalls unterschiedlich sein, doch das Bemerkenswerte an Menschen mit einer Angststörung ist, dass sie sich schrecklich fühlen und ihren gewohnten Aktivitäten nicht nachgehen können.

Die körperlichen Symptome, die am häufigsten auftreten, beinhalten eine beschleunigte Herzfrequenz, Zittern oder Schütteln, Kurzatmigkeit, Brustschmerzen, Gleichgewichtsstörungen und

Schweißausbrüche. Die psychischen Leiden können von Angst vor Kontrollverlust bis hin zu Todesängsten reichen.

Im nächsten Kapitel werde ich ausführlicher auf die Ursachen und Symptome von Panikattacken eingehen. Ich werde Ihnen auch Informationen zur Verfügung stellen, die Ihnen helfen können, herauszufinden, ob Sie jemand sind, der zu Panikattacken neigt.

## Zusammenfassung des Kapitels

In diesem Kapitel haben wir uns mit vier Personen auseinandergesetzt, die unter Panikattacken leiden. Jede dieser vier Personen ist diesen Panikattacken auf ihre eigene Art und Weise begegnet. Wir haben gelernt, dass:

- Panikattacken verheerende Symptome haben, die Leidende in ihrem Alltag erheblich einschränken.
- Panikattacken durch traumatische oder stressige Situationen ausgelöst werden können.
- Therapien und Medikamente zuverlässige Behandlungsmöglichkeiten darstellen.

Im nächsten Kapitel werden wir uns mit den Ursachen und Symptomen befassen. Wir werden darlegen, wie es zu Panikattacken kommt, welche körperlichen und seelischen Symptome auftreten und wie sich Panikattacken charakterisieren lassen.

KAPITEL 2:

## Ursachen und Symptome von Panikattacken

Damals, als der Mensch wilde Bestien und andere natürliche Bedrohungen abwehren musste, war Angst eine überlebenswichtige Emotion. Angst forderte vom Menschen Wachsamkeit und Vorsicht im Umgang mit seiner Umwelt, und Angst war eine Reaktion auf Stress oder eine traumatische Situation. Auch wenn die Verteidigung vor Wildtieren nicht mehr zum modernen Alltag gehört, gibt es immer noch viele Dinge, die Achtsamkeit erfordern, so z. B. das so wichtige Bewerbungsgespräch oder das erste Treffen mit den Eltern des Partners. Auf solche Situationen reagieren wir gelegentlich mit Angst, fast immer aber mit Nervosität.

Das Problem mit Angstzuständen ist, dass sie sich so zuspitzen können, dass man sich *chronisch* ängstlich fühlt und permanent unter Angstzuständen leidet. In diesem Fall würden Sie so viel Angst verspüren, dass diese schließlich in ihren Alltag eingreift. Wenn die Angst zu dieser Art von Problem wird, könnte es sein, dass Sie eine Angststörung haben. Die große Frage ist: Werden Sie eine Panikattacke bekommen, wenn Sie eine Angststörung haben?

Nach Angaben der *Anxiety and Depression Association of America ADAA* (Amerikanische Vereinigung für Angststörungen und Depressionen) ist eine Panikattacke das Einsetzen einer intensiven Angst bzw. Unruhe, die das tägliche Funktionieren stark behindert. Menschen, die nicht an einer Angststörung leiden, mögen mitunter auch Unruhe und Nervosität verspüren, werden jedoch von diesen Gefühlen nicht in ihrem Verhalten beeinträchtigt und sind im Allgemeinen in der Lage,

Stresssituationen zu bewältigen. Im Gegenzug verspürt eine Person, die eine Panikattacke durchlebt, oftmals körperliches Unwohlsein. Dieses manifestiert sich durch Herzklopfen oder -rasen, Zittern, Schweißausbrüche und andere unangenehme körperliche und seelische Empfindungen.

Panikattacken halten Betroffene davon ab, die Dinge zu tun, die zum alltäglichen Leben dazugehören. Beispielsweise kann es eine solche Person Überwindung kosten, ihrer beruflichen Tätigkeit nachzugehen, weil sie fürchtet, beim Fahren im Aufzug eine Panikattacke zu erleiden, oder sie geht nicht zur Schule, weil sie bei jeder Prüfung eine Panikattacke bekommt.

## Sind Panikattacken dasselbe wie Angstanfälle?

Obwohl sie sehr ähnlich sind, unterscheiden sich Panikattacken und Angstanfälle in ihrer Intensität und ihrer zeitlichen Dauer. Wenn Sie einen Anfall von Angst oder Beklemmung erleben, ist die Angst noch beherrschbar und verschwindet, sobald Sie die Stresssituation überwunden haben. Es kann sein, dass Sie die Symptome einer klassischen Panikattacke zeigen, wie Kurzatmigkeit oder eine beschleunigte Herzfrequenz, aber diese Symptome nach Behebung der Stresssituation verschwinden.

Panikattacken teilen einige ihrer Symptome mit Angstanfällen, obwohl sich diese Symptome mit einer stärkeren Intensität manifestieren und unerwartet oder aus Gründen, die Sie nicht erklären können, eintreten. Panikattacken erfolgen ohne Anlass und auf unberechenbare Weise. Sie haben schwerwiegendere Symptome, wie Kurzatmigkeit, Schwindel und Übelkeit, und manche Menschen verspüren während einer Panikattacke sehr starke Brustschmerzen. Die Schmerzen können so akut sein, dass man sie für einen Herzinfarkt hält.

Auch wenn Panikattacken grundlos und unvorhersehbar sein können, berichten Betroffene oft von sogenannten Triggern (Auslösern), die eine Panikattacke hervorrufen können. Grelles Licht und laute Geräusche können eine Panikattacke auslösen. Eine Person kann z. B. in eine Situation geraten, die zunächst ruhig und friedlich ist. Plötzlich flackert grelles Licht auf und laute Musik beginnt zu dröhnen. Unerwartet kommt es nun zu einer Panikattacke, mit welcher der Betroffene im Vorfeld nicht gerechnet hätte. Panikattacken können auch mit der Angst vor der nächsten Attacke einhergehen. Da die Angst akuter ist, kann die Person versuchen, allen hellen Lichtern auszuweichen, in der Hoffnung, so die nächste Panikattacke zu vermeiden. Im Wesentlichen sind es nicht die hellen Lichter, die eine Person in dieser Situation fürchtet, sondern die nächste Panikattacke. Der nächste Abschnitt wird dieses Phänomen ausführlicher behandeln.

Bei einem Angstanfall hingegen ist das Gefahrenpotenzial eines möglichen Ausbruchs von vornherein bekannt - ein Besuch beim Zahnarzt kann so aufreibend sein, dass Sie schon eine Beklemmung verspüren, wenn Sie das Geräusch des Bohrers hören, und in diesem Fall ist es der Zahnarzt, der die Angst verursacht, nicht die Angstattacke selbst.

## Angstanfälle versus Panikattacken

Wenn sich ein Angstanfall anbahnt, ist es noch immer möglich, dass Sie die stressige Situation durchstehen können. Selbstverständlich würden Sie die Situation lieber vermeiden, aber Sie sind bereit, sich der Situation zu stellen und sich durchzukämpfen, da sich Ihre Angst noch im Rahmen hält. Im Hinblick auf Panikattacken kommt es indessen zu einem Phänomen, das als **Erwartungsangst** bezeichnet wird. Dieser Begriff beschreibt die Furcht vor der nächsten Panikattacke, bedingt durch deren überwältigende und unvorhersehbare Natur, und Sie sind der festen Überzeugung, dass Sie diese nächste Attacke unmöglich kontrollieren können. Wenn dies geschieht, beginnen Sie, alle potenziell kritischen Situationen zu vermeiden.

Obwohl Panikattacken diagnostiziert werden können, sucht die Klinische Psychologie noch immer nach ihren Ursachen. Man würde meinen, dass sich die Ursprünge der Erkrankung aus ihren Symptomen herleiten lassen könnten. Ein Anfall ist mehr als nur Belastung durch Stress - man kann leicht verstehen, warum eine Situation Angst hervorruft, aber es dürfte schwieriger sein, nachzuvollziehen, warum eine Person einen vollständigen physischen und psychischen Zusammenbruch erleidet, der sie funktionsuntüchtig werden lässt. Die Forschung steht allerdings noch immer in den Anfängen, mehr über die Zusammenhänge zwischen einer psychischen Situation und der daraus resultierenden physischen Reaktion herauszufinden.

## Wie kommt es zu einer Panikattacke?

Auch wenn Mediziner die genauen Ursachen nicht kennen, versuchen sie dennoch, die möglichen Auslöser des Anfalles zu isolieren und fundierte Vermutungen über die Situation anzustellen. Beispielsweise könnte die genetische Disposition in Kombination mit einer großen Stressbelastung die Ursache für die Attacken sein. In einigen Familien kann man mit großer Wahrscheinlichkeit eine klare Linie im Familienstammbaum erkennen, deren Mitglieder eine Vorgeschichte von schweren Panikattacken haben. Darüber hinaus handelt es sich bei Panikattacken nicht unbedingt um konditionierte Reaktionen. Wir können zwar ergründen, was Angst in uns selbst verursacht, aber die körperlichen Symptome von Panikattacken sind nicht durch die Konditionierung von Angst und Furcht erklärbar. Zum jetzigen Zeitpunkt wissen Forscher, dass es eine genetische Korrelation zu Panikattacken gibt, aber das genaue Gen, das Panikattacken verursacht, ist bis dato noch nicht identifiziert worden.

In einem von der Mayo-Klinik veröffentlichten Artikel über Panikattacken und Panikstörungen heißt es, dass Kliniker zwar nicht die genaue Ursache von Panikattacken kennen, aber anhand personenspezifischer Eigenschaften prognostizieren können, wer eine Veranlagung zu Panikattacken besitzt. Menschen, die empfindlich auf Stress reagieren, können anfälliger für Panikattacken sein, ebenso wie Menschen, die zu negativen Emotionen neigen. Obwohl das spezifische Gen nicht identifiziert werden konnte, haben Wissenschaftler beobachtet, dass auch bestimmte Veränderungen der Gehirnfunktion eine Person für Panikattacken empfänglich machen können.

Im gleichen Artikel wird darauf hingewiesen, dass wir Menschen auf eine drohende Gefahr mit einer **Kampf- oder Fluchtreaktion** reagieren. Wenn beispielsweise ein tollwütiger Hund in Ihre Richtung stürmte, würden Sie nicht stehen bleiben, sondern weglaufen. Während dieser Reaktion würden Sie einen beschleunigten Puls und eine erhöhte Atmung wahrnehmen, die darauf zurückzuführen sind, dass Sie auf diese lebensbedrohliche Begegnung reagieren. Bei einer Panikattacke besteht jedoch nicht immer eine unmittelbar bevorstehende, logisch erfassbare Gefahr, trotz der schweren körperlichen Reaktionen, die während des Vorfalles auftreten. Insbesondere kann eine Panikattacke durch etwas verursacht werden, das andere Menschen kaum zur Kenntnis nehmen, beispielsweise kann ein Geräusch oder ein seltsamer Geruch eine Attacke auslösen.

Eine Person, die eine Panikattacke erlebt, wird möglicherweise nicht davor gewarnt, dass es zu einer Panikattacke kommen wird. Sie würden erkennen, dass, wenn ein tollwütiger Hund auf Sie zugelaufen käme, eine natürlich auftretende Kampf- oder Fluchtreaktion einsetzen würde. Was ist aber, wenn Sie in Ihrem Auto fahren und plötzlich aus dem Nichts heraus eine Panikattacke erleiden? Im Auto gibt es nichts, was Sie nervös machen sollte, und Sie fahren eine Strecke, die Ihnen sehr vertraut ist. Panikattacken können jederzeit auftreten und haben einen langfristigen Einfluss auf das Leben eines Individuums, es sei denn, es gelingt die Durchbrechung dieses Teufelskreises.

## Symptome einer Panikattacke

Sie wissen vielleicht nicht, wann eine Panikattacke ausbrechen wird, aber es gibt Symptome, die insbesondere Panikattacken zuzuschreiben sind. Nach Angaben der Mayo-Klinik ist im Folgenden eine Liste von Symptomen aufgeführt, die typischerweise während einer Panikattacke auftreten:

- Ein Gefühl drohenden Unheils oder unmittelbarer Gefahr
- Schüttelfrost
- Hitzewallungen
- Übelkeit
- Bauchkrämpfe
- Ein Gefühl des drohenden Unterganges
- Schweißausbrüche
- Furcht vor Kontrollverlust oder Tod
- Rasantes Herzklopfen, beschleunigte Herzfrequenz
- Schmerzen in der Brust
- Ein Gefühl der Unwirklichkeit oder Losgelöstheit
- Taubheitsgefühl oder Kribbeln
- Schwindel, Benommenheit oder Ohnmacht

Als ob diese Symptome allein schon nicht genug wären, kommt noch die zusätzliche Angst vor einer weiteren Panikattacke hinzu, wie bereits in einem vorangehenden Abschnitt erläutert worden ist. Folglich würden Sie beginnen, Situationen zu vermeiden, die eine Panikattacke auslösen könnten. Möglicherweise wissen Sie nicht genau, wann oder wo Sie Ihre nächste Panikattacke haben werden, sodass Sie beginnen, normale Situationen vorwegzunehmen, die das *Risiko* einer Panikattacke beinhalten.

Außerdem würden Sie wahrscheinlich mit unerwarteten Auslösern konfrontiert werden. Möglicherweise reagieren Sie auf blinkende Lichter oder laute Geräusche mit Panik. Obwohl Sie lernen, diese Situationen zu fürchten, werden nicht alle blinkenden Lichter oder lauten Geräusche zwingend eine Panikattacke hervorrufen.

Wie bereits erwähnt, sind Panikattacken schwerwiegend und unangenehm, sodass der Betroffene im Allgemeinen versucht, jede Situation zu vermeiden, die zu einem Anfall führen könnte. Immer mehr Menschen, die unter Panikattacken leiden, ziehen sich aus dem öffentlichen Leben zurück, weil sie Angst vor einem öffentlichen Panikanfall haben.

## Psychische Symptome und Reaktionen

Wir haben angesprochen, dass Panikattacken auch psychische Symptome haben, und die Angst vor dem Tod sehr ausgeprägt bei Menschen ist, die unter Panikattacken leiden. Ein weiteres psychisches Symptom einer Panikattacke ist die Angst vor Kontrollverlust, was sich in Gefühlen von vermeintlichem Wahnsinn oder dem Verlust des eigenen Verstandes manifestieren kann. Wenn es zu einer Panikattacke kommt, hat man das Gefühl, keine Kontrolle mehr über die Situation zu haben. Nicht zu wissen, wann eine Panikattacke auftreten wird oder intensive körperliche Symptome zu verspüren, kann eine Person im Hinblick auf den eigenen Geisteszustand verunsichern.

In den schwerwiegendsten Fällen kann eine Person eine Ablösung von sich selbst und ihrer Umgebung erleben, wodurch sie glaubt, ihr Leben von außen wie einen Film zu betrachten (Experten der Mayo-Klinik, o. J.).

## Panikattacken und andere Erkrankungen

Es gibt keinen spezifischen medizinischen Test für Panikattacken. Ärzte können Sie jedoch auf andere Krankheiten testen, um herauszufinden, ob sich Ihre Panikattacken medizinisch begründen lassen oder ob Sie möglicherweise tatsächlich an einer Angststörung leiden. Wenn sich beispielsweise Ihr Herzschlag erhöht oder Sie Schmerzen in der Brust verspüren, könnte dies mit Panikattacken, aber auch mit etwas anderem, wie einer Herzkrankheit, zusammenhängen. Wenn ein Arzt körperliche Ursachen ausschließt, erfolgt in der Regel eine Überweisung zu einem Facharzt. Dort werden Sie einer weiteren Untersuchung unterzogen und können die Umstände Ihrer Panikattacken erläutern.

Panikattacken können mit einer anderen Erkrankung einhergehen, aufgrund welcher Sie in Behandlung sind, insbesondere können eine soziale Phobie oder Depressionen dazu führen, dass Sie ohne Vorwarnung Panikattacken erleben. Eine Depression oder eine soziale Phobie kann Sie anfälliger für Panikattacken machen. Denken Sie jedoch daran, dass Panikattacken eigenständig und ohne Vorerkrankungen entstehen können.

Wenn Sie eine Panikattacke erlitten haben, müssen Sie sich ohne Zweifel Hilfe suchen, da Panikattacken schwere Symptome, wie Kurzatmigkeit oder Brustschmerzen, auslösen können. Zunächst muss eine körperliche Ursache für diese Symptome ausgeschlossen werden. Dann kann untersucht werden, ob sie auf eine Panikattacke zurückgeführt werden können.

## Erwartungsangst

Ein weiterer Indikator, der für das Vorhandensein von Panikattacken spricht, kann durch die Evaluation des eigenen Verhaltens zwischen den einzelnen Panikattacken gefunden werden. In diesen Phasen leiden Betroffene womöglich unter Erwartungsangst oder entwickeln ein durch die Phobie bedingtes Vermeidungsverhalten.

Nach Smith u. a. (2019) kann in den Phasen zwischen den Panikattacken Erwartungsangst auftreten. Anstelle von Ruhe und Entspannung würden Sie ein Gefühl des Verhängnisses empfinden und Spannungen und Ängste verspüren. Zu den Merkmalen der Erwartungsangst gehört die Angst vor einer erneuten Panikattacke. In diesem Fall würden Sie ständig in Angst vor einer weiteren Panikattacke leben und derartige Gedanken würden sich in Ihrem Hinterkopf manifestieren.

Von **Vermeidungsverhalten** ist dann die Rede, wenn Sie Situationen und Orte vermeiden, die Ihre Panik auslösen können. Diese Art der Flucht hat zwei unterschiedliche Merkmale: Das erste ist, wie bereits angesprochen, das Vermeiden von Orten, an denen Sie glauben, dass Sie eine weitere Panikattacke bekommen werden. Wenn Sie z. B. in der Arztpraxis Panikattacken haben, bevor Sie sich einem medizinischen Eingriff unterziehen, kann es passieren, dass sie aktiv ärztliche Konsultationen zu vermeiden versuchen, bei welchen ein Eingriff durchgeführt werden könnte. Das zweite Merkmal des Vermeidungsverhaltens ist das proaktive Meiden von Orten und Situationen, aus welchen es kein leichtes Entkommen gibt. Beispiele dafür wären eine Familienfeier oder ein Besuch bei den Schwiegereltern. In solchen Situationen fühlen Sie sich gefangen und glauben, dass es kein Davonkommen aus dem gesellschaftlichen Anlass gibt. Außerdem fürchten Sie, dass bei einer Panikattacke niemand da wäre, der Ihnen zur Seite stehen könnte.

Vielleicht sind Sie eine ängstliche Person und leiden oft unter Angstzuständen. Denken Sie aber daran, dass dies nicht zwingend bedeutet, dass Sie unter Panikattacken leiden, vielleicht haben Sie auch nur Angstanfälle. Wenn Sie hingegen eine Panikattacke haben, erleben Sie eine überwältigende Angst und Ihre Symptome sind in der Regel äußerst beängstigend und dramatisch.

## Die Charakteristika einer Panikattacke

Denken Sie daran, dass ein weiterer Charakterzug einer Panikattacke darin besteht, dass sie plötzlich und ohne ersichtlichen Grund auftritt. Bei Angstzuständen kennen Sie die Orte, die Sie verängstigen, aber bei einer Panikattacke geht es Ihnen in der einen Minute noch gut und in der nächsten verspüren Sie schon überwältigende Symptome, wie Herzrasen und Übelkeit.

Im DSM-5 des *Diagnostic and Statistical Manual of Mental Disorders Fifth Edition* (fünfte Auflage des diagnostischen und statistischen Handbuchs psychischer Störungen) heißt es, dass

Panikattacken entweder erwartet oder unerwartet auftreten. Unerwartete Panikattacken ereignen sich insbesondere ohne vorhersehbaren Grund, während erwartete Panikattacken nach Vandergriendt (2019) aufgrund von Auslösern oder bekannten Stressoren in Ihrer Umgebung eintreten.

Ein Beispiel für das gleichzeitige Auftreten von Angstzuständen und einer Panikattacke sieht folgendermaßen aus: Sie haben Angst, zum Arzt zu gehen. Sie sind unruhig und haben die Befürchtung, in der Arztpraxis die Kontrolle über sich selbst zu verlieren. Wenn Sie dann in der Arztpraxis angekommen sind, verspüren Sie Brustschmerzen, Kurzatmigkeit, Schweißausbrüche, Schüttelfrost oder Hitzewallungen und Ihre Herzfrequenz ist beschleunigt. Hierbei handelt es sich um eine *Panikattacke*.

Wenn Sie hinsichtlich der bevorstehenden Situation durchgehend besorgt und ängstlich sind und sich diese Gefühle verstärken, sobald Sie die Praxis betreten, handelt es sich um einen *Angstanfall*. Sie fühlen sich schrecklich, weil Sie beim Arzt sind, können Ihren Besuch aber dennoch mit relativer Fassung alleine durchstehen. Es mag unangenehm sein (und möglicherweise noch unangenehmer, als es für die meisten Menschen wäre), aber Sie sollten in der Lage sein, den Besuch zu überstehen. Sie werden sich allmählich wieder besser fühlen, wenn er vorüber ist.

Wenn Sie während der Konsultation eine Panikattacke erleiden, werden Sie die Konsultation mit großer Wahrscheinlichkeit nicht zu Ende führen können, da Ihre Panikattacke medizinischen Beistand erfordert. Sie werden eine natürliche Kampf- oder Fluchtreaktion spüren und es kann sogar sein, dass Sie tatsächlich die Flucht ergreifen, aus der Praxis laufen und nicht anhalten, bis Sie sich ein Stück weit entfernt haben.

## Auslöser von Panikattacken

Panikattacken geschehen meist unerwartet, aber es mag Auslöser geben, die eine Panikattacke initiieren. Gemäß Vandergriendt (2019) sind diese Auslöser in der Regel nicht bekannt, weswegen es den Anschein haben kann, als käme die Panikattacke aus dem Nichts.

Auslöser für eine Panikattacke können u. a. die folgenden sein:

- Ein stressbelasteter Beruf
- Autofahren
- Soziale Situationen
- Phobien (wie Agoraphobie oder Klaustrophobie)
- Erinnerung oder Erinnerungsfragmente an ein traumatisches Erlebnis
- Bestimmte körperliche Situationen oder Ereignisse
- Schilddrüsenprobleme
- Drogen- oder Alkoholentzug
- Reaktionen auf Medikamente und Nahrungsergänzungsmittel
- Chronische Krankheiten, wie Asthma, Reizdarmsyndrom, Herzkrankheiten und Diabetes

Bei Behandlungsbeginn können Sie möglicherweise Muster in Ihrem Verhalten erkennen und beginnen, Ihre persönlichen Trigger wahrzunehmen.

## Risikofaktoren

Auch Risikofaktoren können eine Rolle spielen, wie Vandergriendt (2019) feststellt. Mögliche Beispiele für solche Risikofaktoren können die folgenden sein:

- Eine ängstlich veranlagte Persönlichkeit
- Drogen- und Alkoholkonsum

- Genetische Prädispositionen - ein Familienmitglied mit einer Angst- oder Panikstörung
- Leidensdruck durch eine lebensbedrohliche oder chronische Krankheit
- Eine belastende Lebenserfahrung, wie Tod oder Scheidung
- Traumatische Erfahrungen als Kind oder Erwachsener
- Andauernder Druck und Sorgen, wie finanzielle Probleme oder familiäre Konflikte

## Das Erlernen von Strategien im Umgang mit Panikattacken

Die gute Nachricht über Panikattacken ist, dass es Behandlungsmöglichkeiten gibt, die Ihnen helfen, zu verstehen, warum Sie Panikattacken haben. Wenn Sie dies verstehen, können Sie anfangen, zu lernen, wie Sie mit ihnen umgehen und sie schließlich stoppen können. Darüber hinaus können Sie verschiedene Techniken erlernen, um die Attacken zu kontrollieren. Dieses Buch soll Ihnen helfen, Ihre Panikattacken besser zu verstehen und gleichzeitig spezifische Techniken zu erlernen, die Ihnen bei der Bekämpfung helfen.

Durch die Zusammenarbeit mit einer medizinischen Fachkraft können Sie damit beginnen, Auslöser zu identifizieren und sogar Verhaltensstrategien entwerfen, die Sie bei einer Panikattacke anwenden können. Sie können dieses Buch auch an Ihre medizinische Fachkraft weitergeben, während Ihr Therapeut Ihnen dabei helfen kann, die für Sie am besten geeigneten Techniken auszuwählen.

Laut Vandergriendt (2019) sollte Ihr Hausarzt eine körperliche Untersuchung, einen Bluttest oder ein Elektrokardiogramm (EKG) vornehmen, bevor er die Meinung eines psychiatrischen Facharztes einholt. Möglicherweise verfügt Ihr Hausarzt über einen Fragebogen, mit dessen Hilfe er herausfinden kann, ob Sie während Ihrer Panikattacken primär eine physische oder psychische Reaktion verspüren. Wenn Sie an einen Psychiater überwiesen werden, werden sowohl Sie als auch er untersuchen, welche Gefühle Sie durchleben, bevor es zu einer Panikattacke kommt. Dies wird Ihnen helfen, Auslöser für Ihre Panikattacke zu erkennen. Der Therapeut wird Ihnen auch Werkzeuge an die Hand geben, um mit Ihren Panikattacken zurechtzukommen, wie z. B. langsames Atmen oder Ablenkungsstrategien.

## Nachhaltige Auswirkungen von Panikattacken

Obgleich eine Panikattacke sehr intensiv ist, dauert sie in der Regel nur etwa zehn Minuten, die Folgeerscheinungen der Panikattacke können jedoch das Leben und die Psyche eines Menschen stark beeinflussen. Anhaltende Panikattacken können einer Person das Gefühl geben, den Bezug zur Realität zu verlieren. Intensive Panikattacken können einen immensen Terror hervorrufen, der das Selbstvertrauen beeinträchtigen kann, und diese Art von Leiden führt oft zu antizipierter Angst oder zu Vermeidungsverhalten.

Die gute Nachricht bei Panikattacken ist, dass sie mit Therapie und Medikamenten behandelt werden können. Es gibt auch verschiedene Techniken, die Ihnen dabei helfen, Ihre Panikattacken durchzustehen und letztlich die Intensität Ihrer Anfälle zu lindern.

## Zusammenfassung des Kapitels

Es gibt viel, was man über Panikattacken wissen muss. Sie können infolge eines Traumas oder als Nebenerscheinung einer anderen Erkrankung, wie z. B. einer Bipolaren Störung, einer sozialen Phobie oder einer Depression, auftreten.

- Spezialisten wissen nicht, wodurch Panikattacken hervorgerufen werden.
- Die physischen Anzeichen einer Panikattacke beinhalten z. B. Atemnot und Schmerzen in der Brust.

- Panikattacken äußern sich auch in psychischen Symptomen, wie Todesangst oder Furcht vor Kontrollverlust.

Im nächsten Kapitel erfahren Sie mehr über gängige Vorurteile und Irrtümer von Panikattacken.

KAPITEL 3:

# Vorurteile und Irrtümer im Zusammenhang mit Panikattacken

Jetzt, da Sie beginnen, die Anzeichen Ihrer Panikattacken besser zu verstehen und wahrzunehmen, ist es an der Zeit, Ihnen die gängigsten Vorurteile und Irrtümer über sie näherzubringen. Panikattacken sind heftig und Sie können während einer Attacke Todesängste oder den Kontrollverlust Ihrer geistigen Fähigkeiten verspüren. In diesem Kapitel lernen wir, einige der Dinge wiederzuerkennen, über die Sie sich in Bezug auf Panikattacken möglicherweise Gedanken gemacht haben, und alle Missverständnisse zu beseitigen, die Sie haben.

Wie bei jeder Erkrankung gibt es viele Vorurteile und Irrtümer, die alles noch verschlimmern können. Dennoch werden Sie sich umso besser fühlen, je mehr Sie über Panikattacken wissen. In den folgenden Abschnitten werden die Vorurteile, die Menschen über Panikattacken und Panikstörungen haben, im Einzelnen aufgezeigt.

***Vorurteil Nr. 1: Panikattacken sind nur das Symptom einer Panikstörung***

Nur weil Sie eine Panikattacke erlitten haben, heißt das nicht, dass Sie gleich an einer ausgeprägten Panikstörung leiden. Panikattacken können auch infolge anderer Störungen und Erkrankungen auftreten. Im Folgenden ist eine Liste von Erkrankungen aufgeführt, die das Auftreten einer Panikattacke begünstigen (mit dem entsprechenden Begriff, unter welchem sie im DMS-5 verzeichnet sind, falls vorhanden):

- Bipolare Störung
- Soziale Phobie (Social Anxiety Disorder bzw. SAD)

- Zwangsstörung (Obsessive Compulsive Disorder bzw. OCD)
- Generalisierte Angststörung (Generalized Anxiety Disorder bzw. GAD)
- Spezifische Phobien
- Reizdarmsyndrom
- Diverse Magen-Darm-Erkrankungen
- Schlafstörungen

***Vorurteil Nr. 2: Panikattacken sind eine Überreaktion auf Stress und Angst***

Obwohl Angstzustände, die durch Stress und Angespanntheit bedingt werden, sehr intensiv ausfallen können, müssen sie doch von Panikattacken abgegrenzt werden. Hier gibt es zwei wichtige Punkte zu beachten:

1. **Panikattacken treten in der Regel ohne jegliche Vorwarnung auf.** Vor der therapeutischen Behandlung haben manche Menschen, die an Panikattacken leiden, zumeist keine Vorstellung davon, warum sie die Attacke erlitten haben. Anders als bei einer Angstattacke reagieren Betroffene nicht auf unmittelbaren Stress oder Belastung. Die Panikattacke geschieht auf unerklärliche Weise. Mithilfe einer Therapie kann eine Person lernen, Auslöser oder Umstände zu erkennen, die eine Panikattacke auslösen, aber dies ist selten auf Bedingungen zurückzuführen, die sie kontrollieren kann.

2. **Menschen, die Opfer einer Panikattacke werden, haben keine Kontrolle über das Geschehen.** Eine Panikattacke ist sehr schwerwiegend und kann nicht mit Angstzuständen gleichgesetzt werden. Eine Panikattacke ist mehr als nur ein flaues Gefühl im Magen. Panikattacken können so intensiv sein, dass viele Menschen deswegen in der Notaufnahme enden.

## Vorurteil Nr. 3: Panikattacken können nur im Wachzustand auftreten

Nicht alle Panikattacken ereignen sich, während eine Person wach ist. Es gibt sogar eine Bezeichnung für Panikattacken, die vor allem nachts auftreten: **Nächtliche Panikattacken**. Stellen Sie sich vor, wie Sie am Schlafen sind, doch mittendrin werden Sie von den Symptomen einer Panikattacke wachgerüttelt - Kurzatmigkeit oder das Gefühl, dass Ihr Herz aus der Brust springt. Nächtliche Panikattacken kommen zwar nicht so häufig vor wie Panikattacken am Tage, aber sie kommen vor.

Wenn eine Person eine nächtliche Panikattacke erlebt, ist ihr Schlaf gestört und sie kann oft nicht wieder einschlafen. Nächtliche Panikattacken bringen Gefühle der Angst und die Loslösung von sich selbst und der Umwelt mit sich. Eine nächtliche Panikattacke fühlt sich oft an, als sei sie Teil eines Albtraumes.

## Vorurteil Nr. 4: Panikattacken können tödlich enden

Das Erleben einer Panikattacke kann sehr intensiv sein und einige Menschen leiden währenddessen unter starken Beschwerden, wie Brustschmerzen, beschleunigter Herzfrequenz, übermäßiges Schwitzen, Engegefühl in der Brust und Kurzatmigkeit. Diese Symptome fühlen sich oft wie eine schwerwiegende körperliche Krise an, wie z. B. ein Herzinfarkt oder ein äquivalentes Leiden der Lungen. Bei vielen treten die Symptome so heftig auf, dass sie direkt in die Notaufnahme zur Behandlung gebracht werden müssen. Kurz gesagt, die Opfer von Panikattacken haben oft das Gefühl, dass sie sterben und diese Angst ist oft das auffälligste Gefühl während eines Anfalles.

Doch unabhängig davon, wie intensiv sie die Symptome wahrnehmen, an einer Panikattacke sterben werden Sie nicht. Das Verfahren in der Notaufnahme besteht darin, Sie zu stabilisieren und zu beruhigen. Einige Tests können durchgeführt werden, um sicherzustellen, dass es keine körperlichen Ursachen für Ihre Panikattacke gibt. Sobald die Testresultate körperliche Gesundheit bezeugen, wird der Arzt in der Notaufnahme wahrscheinlich weitere Gespräche mit Ihnen führen, damit er herausfinden kann, ob es eine Krankengeschichte gibt, die Ihre Panikattacke verursacht haben könnte.

Oft gibt es keinen ersichtlichen Grund für die Panikattacke und das Fehlen einer erkennbaren Ursache sollte für Ihren Arzt Grund genug sein, von einer eigentlichen Panikattacke auszugehen. Das Fehlen einer Vorerkrankung ist eines der Hauptsymptome einer Panikattacke. Sie können sicher sein, dass ein Arzt über ein derartiges Wissen verfügt.

Insgesamt gibt es keinen Grund, zu fürchten, dass Sie an einer Panikattacke sterben werden.

**Vorurteil Nr. 5: Panikattacken können Sie in den Wahnsinn treiben**

Dadurch, dass Panikattacken ohne Vorwarnung eintreten, können sie Ihnen das Gefühl vermitteln, keine Kontrolle mehr zu haben. Panikattacken dauern in der Regel zehn Minuten und erreichen einen Höhepunkt, bevor sie abklingen. Vor allem nicht genau zu wissen, warum es zu diesem Anfall gekommen ist, kann zu der Annahme führen, dass man die Kontrolle über sich selbst verliert und Gefahr läuft, wahnsinnig zu werden.

Ja, es kann psychische Gründe für eine Panikattacke geben, z. B. ein erlittenes Trauma und die fehlende entsprechende Verarbeitung. Panikattacken sind jedoch kein Indikator dafür, dass Sie die Kontrolle über Ihren Geisteszustand verlieren werden.

Die Angst vor vollständigem Kontrollverlust kann zur Besessenheit werden. Wenn Sie sich konzentrieren, können Sie die Panikattacke möglicherweise abwenden. Sie versuchen also, eine gewisse Kontrolle über etwas zu erlangen, was unmöglich zu kontrollieren scheint. Dies führt zu einer immensen Frustration, die durch Ihr Gefühl von Hilflosigkeit verschlimmert wird.

In diesem Buch werden Ihnen Strategien vorgestellt, die Sie zur Bewältigung von Panikattacken einsetzen können. Panikattacken können jeden dazu bringen, sich verzweifelt zu fühlen, aber es besteht die Hoffnung, dass Sie lernen, besser mit einer Panikattacke umzugehen, wenn sie passiert - oder besser noch, sogar bevor sie passiert.

Selbst wenn die Panik zuschlägt, dürfen Sie sich sicher sein, dass Ihr Verstand noch intakt ist. Sie mögen zwar die Kontrolle über sich verlieren, doch dieses Gefühl hält nur für kurze Zeit an.

### *Vorurteil Nr. 6: Panikattacken lassen sich vermeiden*

Wenn Sie mit der Aufarbeitung Ihrer Panikattacken anfangen, werden Sie vielleicht herausfinden, was Ihre Anfälle auslöst. Dies ist ein Prozess, in welchem Sie die Gefühle eines erlittenen Traumas aufdecken. Neben traumatischen Erfahrungen gibt es jedoch viele andere Gründe, warum Sie an Panikattacken leiden könnten. Sie könnten etwas mit so viel Intensität fürchten, dass jedes Mal, wenn Sie sich dieser Sache nähern, eine Panikattacke ausgelöst wird.

Herauszufinden, was Ihre Panikattacken auslöst, trägt viel dazu bei, sie abzuschwächen und die Kontrolle wiederzuerlangen. Die Wahrheit ist jedoch, dass Panikattacken auch dann noch auftreten können, wenn Sie Ihre Auslöser und Ängste kennen.

Es ist nicht empfehlenswert, zu glauben, dass Sie Panikattacken vermeiden können, wenn Sie den Dingen, die Ihnen Angst machen, aus dem Weg gehen. Ihren Ängsten auszuweichen oder sich von den Auslösern fernzuhalten, wird früher oder später zu einer unlösbaren Aufgabe werden. Außerdem können sich ihre Ängste und Auslöser durch dieses Vermeidungsverhalten sogar noch intensivieren.

Der beste Weg, eine Panikattacke durchzustehen, ist die direkte Konfrontation und das Bewahren einer entspannten Haltung. Dieser Ratgeber wird näher auf die Strategien eingehen, die Ihnen helfen können, die Intensität Ihrer Panikattacken zu vermindern. Im

Gegensatz zum Versuch, ein Leben zu führen, bei dem Sie sich selbst einschränken und potenziell auslösende Situationen vermeiden, ist dies der konstruktivere Ansatz.

***Vorurteil Nr. 7: Gegen Panikattacken lässt sich kaum etwas unternehmen***

Wenn Sie Panikattacken erlebt haben, haben Sie vielleicht das Gefühl, dass es keinen Ausweg gibt, wenn es zu diesen Anfällen kommt. Sie können jedoch mit einem Spezialisten zusammenarbeiten, um zu lernen, wie man mit diesen Anfällen umgeht, und letztlich daran arbeiten, sie insgesamt zu beenden.

Damit Sie den Prozess der therapeutischen Bewältigung Ihrer Panikattacken beginnen können, ist es wichtig, dass Sie einen Spezialisten finden, der Sie beurteilen und eine korrekte Diagnose stellen kann. Dann können Sie mit der Behandlung beginnen. Sobald Sie Ihre Diagnose haben, wird Ihr Arzt Sie für eine Psychotherapie einplanen, in der Sie Ihre Panikattacken besprechen können. Möglicherweise kann Ihnen Ihr Arzt auch Medikamente verschreiben, die Ihnen helfen, besser mit Ihren Panikattacken umzugehen und Ihnen die Teilnahme an der Psychotherapie erleichtern. Die verschiedenen Medikamente wirken in unterschiedlichen Bereichen des Gehirnes und dienen verschiedenen Zwecken. Deshalb ist es wichtig, eng mit Ihrem Arzt oder Ihrer Ärztin zusammenzuarbeiten und gemeinsam zu entscheiden, welche Medikamente am ehesten für Sie infrage kommen, seien es Antidepressiva oder Medikamente zur spezifischen Behandlung von Angstzuständen.

Denken Sie daran, dass es immer wichtig ist, vor der Einnahme von Medikamenten Kontakt mit einem Psychologen aufzunehmen, unabhängig davon, welche Behandlung ein Arzt verschreibt.

## Vorurteil Nr. 8: Panikattacken werden Sie ihr Leben lang begleiten

Auch wenn sich Ihre Panikattacken überwältigend anfühlen mögen, gibt es Maßnahmen, die Sie ergreifen können, um die Intensität der Attacken abzuschwächen und sie schließlich ganz zu stoppen.

Medikamente und Therapien, wie die *Kognitive Verhaltenstherapie*, können in der Überwindung von Panikattacken Hilfestellung leisten. In einem späteren Abschnitt werden wir uns genauer mit dieser Therapieform und ihrer Wirksamkeit auseinandersetzen.

Wie bereits im vorherigen Abschnitt festgestellt wurde, ist die Konsultation einer psychosozialen Fachkraft der erste Schritt zur Überwindung Ihrer Panikattacken. Letztlich liegt es jedoch immer an Ihrer Motivation, sich aktiv an der Therapie zu beteiligen, die Ihnen hilft, die Anfälle zu beenden.

Eine Kognitive Verhaltenstherapie kann sehr erfolgreich sein, aber Sie müssen die Mühe auf sich nehmen, um erfolgreiche Ergebnisse zu erzielen. Es mag anfangs schwierig sein, mit Panikattacken zurechtzukommen, aber der erste Schritt ist, professionelle Hilfe in Anspruch zu nehmen. Wenn Sie die Hilfe erhalten, die Sie brauchen, werden Sie zunächst mit der Milderung der Intensität Ihrer Panikattacken beginnen. Sie können dieses Buch begleitend zu Ihrer Therapie und den von Ihrem Facharzt verschriebenen Medikamenten einsetzen.

## Vorurteil Nr. 9: Eine Panikstörung öffnet das Tor zu einer ernsteren psychischen Erkrankung

Bevor Sie sich an einen Spezialisten wenden, mögen Sie glauben, dass dieser Sie mit einer anderen Art von Störung diagnostizieren wird, wie z. B. einer *Bipolaren Störung*, *Schizophrenie* oder gar einer *Generalisierten Angststörung*.

Die Wahrheit ist, dass Panikattacken eine eigenständige psychische Erkrankung darstellen. Es handelt sich nicht um eine ernsthafte Geisteskrankheit, sondern lediglich um einen Zustand, der dazu führt, dass Sie in hohem Maße Panik oder Angst empfinden.

Panikattacken können behandelt werden und Sie werden in der Lage sein, die Intensität Ihrer Panikattacken, durch proaktive Arbeit in den Therapiesitzungen und gewissenhaftes Einnehmen der Medikamente, zu verringern.

### *Vorurteil Nr. 10: Ihre Familie und Freunde können Sie bei Panikattacken nicht unterstützen*

Panikattacken sind sehr persönliche und intime Erfahrungen und vielleicht fühlen Sie sich dadurch so gedemütigt, dass Sie niemandem von Ihren Erlebnissen erzählen möchten. Dem muss aber nicht so sein. Wenn Sie die Zusammenarbeit mit Ihrem Therapeuten aufnehmen, möchten Sie vielleicht andere Menschen aus Ihrem engeren Umfeld miteinbeziehen und das Erlernte mit ihnen teilen.

Es ist nicht notwendig, der ganzen Welt davon zu erzählen, aber je mehr Sie ihre Mitmenschen aufklären, desto besser werden Sie sich fühlen. Vielleicht kann jemand, der Ihnen nahe steht, seinen Input zu der Frage geben, warum Sie überhaupt Panikattacken haben.

Ihre Lieben sorgen sich um ihr Wohlergehen, deshalb sollten Sie vielleicht in Erwägung ziehen, Informationen mit ihnen zu teilen, die ihnen das Gefühl vermitteln, in Ihre therapeutische Reise einbezogen zu sein. Wenn Sie jedoch eine eher reservierte Person sind und die Involvierung anderer den Fortschritt Ihrer Therapie stören könnte, ist das auch in Ordnung. Sie haben immer die Kontrolle darüber, wieviel Sie mit anderen teilen möchten.

Jetzt, da wir mit einigen Vorurteilen und vorgefassten Meinungen über Panikattacken aufgeräumt haben, sind Sie bereit, einige wirksame Strategien zur Bekämpfung von Panikattacken zu erlernen. Darüber hinaus werden in diesem Buch effiziente Techniken und

Werkzeuge vorgestellt, die Ihnen im Umgang mit Ihren Panikattacken helfen können.

## Zusammenfassung des Kapitels

Es gibt zahlreiche Vorurteile gegenüber Panikattacken und in diesem Kapitel haben wir uns mit zehn davon befasst. Im Folgenden sind noch einmal drei der wichtigsten Vorurteile zusammengefasst:

- Panikattacken sind nur das Symptom einer Panikstörung.
- Panikattacken können tödlich enden.
- Gegen Panikattacken lässt sich kaum etwas unternehmen.

Diese Vorurteile und Irrtümer wirken angsteinflößend und einschüchternd und können Panikattacken als überwältigend, unheilbar und unkontrollierbar erscheinen lassen. In Wahrheit lassen sich Panikattacken *behandeln*. Sie können Techniken zum adäquaten Umgang mit Panikattacken erlernen, darunter die Teilnahme an Therapiesitzungen und der Frage Ihres Arztes nach verfügbaren Medikamenten, die zur Linderung von Symptomen beitragen können.

Im nächsten Kapitel wird Ihnen das Fünf-Schritte-System von *AWARE* vorgestellt, das Ihnen während einer intensiven Panikattacke helfen kann, wieder zur Ruhe zu kommen.

KAPITEL 4:

# Wie man während einer Panikattacke ruhig bleiben kann

Die Gefahr, eine Panikattacke nicht kontrollieren zu können, mag jedem, der darunter leidet, beunruhigend erscheinen. Es mag sein, dass Sie wiederkehrende Muster und Auslöser untersuchen können, die vor einer Panikattacke auftreten, aber diese Anfälle werden sich trotzdem wiederholen, ungeachtet dessen, wie viele Informationen Sie gesammelt haben. Entscheidend ist, dass Sie wissen, wie Sie die Attacken bekämpfen können.

Sie brauchen sich nicht schlecht zu fühlen, denn es gibt ein System, das Sie während Ihrer Panikattacken durchspielen können, um die Situation zu verbessern. Sie können lernen, der Attacke mit Ruhe gegenüberzutreten und sie zu akzeptieren.

In diesem Kapitel werden wir das Fünf-Schritte-System von *AWARE* besprechen.

1. **A**nerkennung und **A**kzeptanz der Panikattacke
2. **W**arten und **W**erten (**W**irken)
3. **A**ktionen zur Linderung der Symptome
4. **R**epetition
5. **E**nde

Gemäß Barends Praktischer Psychologie (o. J.) besteht der erste der fünf Schritte von AWARE darin, zu erkennen und zu akzeptieren, was während der Panikattacke geschieht. Es ist sogar möglich, die Panikattacke mithilfe des AWARE-Systems zu stoppen. Was aber auch immer geschieht, der erste Schritt besteht immer in der Anerkennung und Akzeptanz Ihrer Angst.

Kurz bevor die Panikattacke ihren Lauf nimmt, verspüren Sie vielleicht ein leichtes Gefühl von Angst. Dann beginnt die Panikattacke und Sie werden in große Angst versetzt. Das ist in Ordnung. Es ist wichtig, die Angst anzuerkennen und sich in Erinnerung zu rufen, dass Sie keiner bevorstehenden Gefahrensituation ausgesetzt sind. Das Gefühl, sich in Gefahr zu befinden, ist ein Symptom einer Panikattacke. Aber denken Sie daran, dass dies nur ein Gedanke ist - er ist weder wahr noch relevant. Lassen Sie sich auf diese Angst ein und tun Sie nicht so, als ob es nicht passiert. Wenn Sie die Angst annehmen, sind Sie bereit für den ersten Schritt des AWARE-Systems: der **A**kzeptanz.

## Akzeptanz der Panikattacke

Wenn Sie die Symptome Ihrer Panikstörung akzeptieren, stehen Ihre Chancen gut, die Intensität Ihrer Panikattacken zu vermindern. Denken Sie daran, dass Sie sich nicht in körperlicher Gefahr befinden, sondern lediglich eine Phase der Angst durchleben, die Sie wieder kontrollieren können.

Ein weiterer Ansatz des AWARE-Systems ist, dass Ihnen, wenn Sie eine Panikattacke erleben, das Schlimmste passiert, was passieren kann. Was auch immer auf Sie zukommt, kann unmöglich schlimmer sein als Ihre gegenwärtige Situation. Nehmen Sie sich einen Moment Zeit, um die Panikattacke zu beenden (Carbonell, 2020).

Sich der Panikattacke zu widersetzen, wird sie nur noch schlimmer machen. Wenn Sie hingegen einfach anerkennen und akzeptieren, dass Ihnen eine Panikattacke widerfährt, werden Sie die Intensität der Attacke verringern können.

### *Warten*

Der nächste Schritt von AWARE ist das **W**arten. Wenn Sie eine Panikattacke haben, verspüren Sie wahrscheinlich den Drang zu fliehen oder zu kämpfen. Voreiliges Handeln wird die Dinge jedoch nur noch mehr eskalieren lassen. Wenn Sie eine Panikattacke haben, werden Sie oft in einen Zustand versetzt, in dem Sie nicht mehr klar denken können und eher dazu neigen, unüberlegt zu handeln. Außerdem werden Sie Entscheidungen treffen, die Ihre Situation üblicherweise nur noch verschärfen.

Jetzt heißt es *warten*, denn je länger Sie dies tun, desto geringer wird die Intensität Ihrer Attacke. Wenn Sie der anstehenden Aufgabe zu entkommen versuchen oder etwas anderes unternehmen, um der Panikattacke zu entfliehen, werden Sie Ihrem Unterbewusstsein die Erkenntnis vorenthalten, dass Ihre Panikattacke einen Anfang und ein Ende hat.

Wenn Sie sich einen Moment Zeit nehmen, um abzuwarten und das Geschehen zu betrachten, werden Sie eine gewisse Erleichterung finden und die Gefühle, die Sie zu diesem Zeitpunkt haben, werden allmählich weichen. Vielleicht können Sie dann sogar wieder etwas klarer denken.

**Werten**

Der nächste Schritt ist das **Werten** bzw. das Betrachten. Nehmen Sie sich einen Augenblick Zeit, um die Mechanismen Ihrer Panikattacken zu erkennen. Es ist wichtig, die Geschehnisse vor und während Ihrer Panikattacke zur Kenntnis zu nehmen und zu beobachten. Das aufmerksame Verfolgen dieser Vorgänge bietet Ihnen die Gelegenheit, ein Panik-Tagebuch zu führen, in welchem Sie die wichtigsten Details Ihrer Panikattacken festhalten können.

Stellen Sie sich vor, wie Sie während einer Panikattacke warten und beobachten, indem Sie in Ihr Panik-Tagebuch schreiben. Das kann ein kleines Notizbuch oder ein hübsch geschmücktes Tagebuch sein, das Sie immer bei sich tragen. Durch das Schreiben erhalten Sie die Chance, sich zu beruhigen und sich von der Intensität der Panikattacke abzulenken.

Wenn Sie ein Panik-Tagebuch führen, gehen Sie von der Rolle des Opfers zur Rolle des Beobachters über. Sollte es nicht möglich sein, in ein Tagebuch zu schreiben, lassen sich andere Wege finden, die Sie in die Rolle des Beobachters versetzen. Sie können eine Smartphone-App verwenden, mit der Sie Sprachnotizen aufzeichnen oder auf einem Tablet (oder einem anderen elektronischen Gerät) ihre Beobachtungen festhalten.

### *Wirken*

Sie können diesem Schritt auch „Arbeit" oder „Wirken" hinzufügen. Wenn Sie eine Panikattacke haben, finden Sie sich möglicherweise in einer Situation wieder, in welcher abwarten und zusehen unmöglich ist. Hier kommt „Arbeit" ins Spiel. Beispielsweise kann sich eine Panikattacke anbahnen, wenn Sie gerade mit dem Auto unterwegs sind oder eine wichtige Präsentation halten. Jetzt dürfen Sie nicht die Fassung verlieren und einfach davonlaufen. Konzentrieren Sie sich auf das, was Sie gerade tun und wenden Sie sich ruhig und gelassen dem Beobachten und Warten zu, während Sie Ihre Panikattacke haben.

Ich weiß, dass das schwierig klingen mag, aber lassen Sie uns ein Szenario durchgehen. Nehmen wir an, Sie fahren mit Ihrem Auto und spüren, wie die Symptome einer Panikattacke langsam aufkommen. Ihr Herz fühlt sich an, als würde es aus Ihrem Brustkorb herausspringen, Ihre Atmung wird schneller und flacher und Sie merken, wie die Übelkeit in Ihnen hochsteigt. Währenddessen können Sie nicht mehr an den Straßenrand fahren, weil es keinen Platz gibt, an welchem Sie den Wagen sicher abstellen können. Sie haben jedoch die Möglichkeit, weiterzufahren, dabei die Panikattacke zu „beobachten" und ihr Ende abzuwarten. Beobachten Sie, wie Sie sich fühlen, verfolgen Sie die Intensität und seien Sie versichert, dass die Panikattacke enden wird. Denken Sie daran - Sie sind ein Beobachter, kein Opfer.

# Während einer Panikattacke wieder zur Ruhe finden

Es ist natürlich, in Panik zu geraten und zu denken, dass Ihre Panikattacke nie enden wird, aber was wissen Sie bereits über Panikattacken? Dauern sie tatsächlich ewig? Wenn dem so wäre, würden Sie dieses Buch nicht lesen. Es ist eine Tatsache, dass Panikattacken enden.

Was tun Sie also, wenn eine Panikattacke auftritt? Nun, Ihre Aufgabe ist es, sich mit der Attacke besser vertraut zu machen. Carbonell (2020) schlägt einige Techniken vor, die sich für Menschen, die unter Panikattacken leiden, als hilfreich erwiesen haben:

- Bauch- und Zwerchfellatmung
- Sich selbst durch die Attacke führen
- Sich auf die Gegenwart einlassen
- Mit dem eigenen Körper zusammenarbeiten

Diese Techniken sind gar nicht so anspruchsvoll. Die **Bauchatmung** besteht lediglich darin, einen tiefen Atemzug zu nehmen, um den Bauch zu füllen und dann den Atem langsam wieder herauszulassen.

Stumme oder laute **Selbstgespräche** können den Eindruck erwecken, dass Ihre Panikattacke nicht ewig andauern wird. Sie können sich selbst gut zureden, dass es in Ordnung ist, Angst zu haben oder sich in Erinnerung rufen, dass dieser Vorfall Ihnen helfen wird, die Eigenschaften Ihrer Panikattacken zu beobachten, sodass Sie lernen können, ein Beobachter zu sein, anstatt ein Opfer.

Es ist wichtig, sich auf Ihre **Gegenwart** einzulassen. Wenn Sie sich mitten in einer Tätigkeit befinden, beginnen Sie zunächst damit, sich auf Ihre Gegenwart und die zu erledigenden Aufgaben zu konzentrieren. Sind Sie beispielsweise dabei, eine Präsentation zu beginnen oder befinden Sie sich gerade inmitten einer Präsentation, richten Sie Ihren Fokus auf Ihre Notizen oder auf die

Folien, die Sie zeigen. Stellen Sie sich vor, dass Sie die drehende Welt um Sie herum zum Stehen bringen, damit Sie mit dem, was Sie gerade tun, weitermachen können - trotz der Panikattacke.

Wenn Sie darauf hinarbeiten, ein besseres **Körpergefühl** zu entwickeln, können Sie die angespannten Bereiche Ihres Körpers lockern. Konzentrieren Sie sich auf die Teile Ihres Körpers, die angespannt sind und arbeiten Sie daran, diese Anspannung zu lösen. Lockern Sie die Steifheit in Ihrem Körper und lösen Sie alle angespannten Muskeln. Halten Sie während einer Panikattacke auch nicht den Atem an, konzentrieren Sie sich stattdessen auf Ihre Bauchatmung.

Allgemein müssen Sie sich um ihr eigenes Wohlbefinden kümmern, damit Sie sich während einer Panikattacke wohler fühlen und so Ihre Symptome lindern können. Es ist möglich. Seien Sie kein Opfer, sondern engagieren Sie sich proaktiv dafür, dass Sie in Ihrer Situation zurechtkommen.

Um sich dies bildlich vorzustellen, denken Sie an eine Krankenschwester, die ihren Patienten mit ihrer Pflege umsorgt, um seine Krankheit und Besorgnis zu lindern. Um langfristig eine Verbesserung Ihrer eigenen Situation zu erzielen, arbeiten Sie daran, Ihrem inneren Krankenpfleger zu helfen.

### *Repetition*

Manchmal kommen Panikattacken in mehreren Wellen. Vielleicht haben Sie gerade die fünf Schritte von AWARE durchlaufen und schon beginnt wieder ein neuer Zyklus. Verzweifeln Sie nicht und glauben Sie nicht, versagt zu haben - es liegt in der Natur der Panikattacke, in mehreren Schüben zu kommen. Eine Panikattacke kann sich anfühlen wie Wellen, die über Sie hereinbrechen und wenn Sie im Wasser wild um sich schlagen, werden Sie die Kontrolle verlieren und sich der Gefahr des Ertrinkens aussetzen. Wenn Sie jedoch bei klarem Verstand bleiben, können Sie sich in den Angriffswellen einer Panikattacke über Wasser halten.

Wenn ein neuer Zyklus einer intensiven Panikattacke seinen Anlauf nimmt, bewahren Sie Ruhe und beginnen Sie erneut mit dem AWARE-Zyklus. Das mag Ihnen schwer fallen, aber wenn Sie es anerkennen und akzeptieren, dass eine längere Panikattacke ansteht, ermöglicht dies Ihnen, abzuwarten und zuzuschauen (und möglicherweise mit Ihrer Arbeit fortzufahren). Dann können Sie *aktiv* werden und es sich bequemer machen, bis die Panikattacke vorbei ist.

## *Ende*

Der fünfte Schritt des AWARE-Systems ist das Beenden der Panikattacke. Erschrecken Sie nicht, wenn Sie einige Male von vorne beginnen müssen. Vergessen Sie nicht, ein Panik-Tagebuch zu führen, damit Sie vom Opfer zum Beobachter werden.

Selbst wenn Sie mehrere Zyklen in Ihrer Panikattacke haben, werden auch diese irgendwann enden. Seien Sie versichert, dass Ihr Leben nicht zu einer einzigen konstanten, chronischen Panikattacke werden wird. Investieren Sie in die fünf Schritte von AWARE, damit die Panikattacken an Intensität verlieren.

Ihr Ziel ist nicht erster Linie, die Panikattacke zu beenden - Ihre Aufgabe besteht darin, die fünf Schritte von AWARE zu realisieren. Lassen Sie uns die Schritte des AWARE-Systems noch einmal durchgehen:

1. **A**nerkennung und **A**kzeptanz der Panikattacke
2. **W**arten und **W**erten (**W**irken)
3. **A**ktionen zur Linderung der Symptome
4. **R**epetition
5. **E**nde

Wenn Ihre Panikattacke endet, fühlen Sie sich vielleicht aufgewühlt und verunsichert. Wie mehrfach wiederholt wurde, sind Panikattacken sehr schwerwiegend, und selbst wenn Sie die fünf Schritte des AWARE-Systems erfolgreich umgesetzt haben, kann noch eine weitere Panikwelle auf Sie zukommen. Zu diesem Zeitpunkt haben Sie in Ihrem Denken einige Wahlmöglichkeiten:

Sie könnten ein Gefühl der Ungewissheit verspüren, dass Sie nicht vorhersagen können, wann eine Panikattacke ausbricht. Sie könnten sogar glauben, dass Sie wieder und wieder Panikattacken durchleben müssen, bis Ihre therapeutischen Maßnahmen (seien es Medikamente, eine Gesprächstherapie oder eine Kognitive Verhaltenstherapie) Erfolge zeigen.

Jetzt ist Ihre Chance gekommen, Stellung zu beziehen sowie eine positive und optimistische Haltung einzunehmen. Lesen Sie die Notizen in Ihrem Panik-Tagebuch und Sie werden sehen, dass sich Ihre Reaktionen auf eine Panikattacke nach und nach verbessert haben. Loben Sie sich selbst dafür, dass Sie den Schritt von der Opfer- zur Beobachterrolle gewagt haben.

## ACHTSAM sein

Es ist Ihnen vielleicht nie in den Sinn gekommen, während einer Panikattacke aufmerksamer zu sein. Menschen, die unter Panikattacken leiden, kämpfen oft auch mit Existenzängsten. Tatsächlich scheint es manchmal so, als würden sich die Anfälle von Mal zu Mal verschlimmern.

Das Erlernen und Durchführen der fünf Schritte des AWARE-Systems kann die Antwort sein, die Ihnen helfen wird. Zähmen Sie dieses Gefühl des Unheils, indem Sie sich diese Schritte genau einprägen und sie ausführen, wenn Sie von einer Panikattacke überfallen werden.

Achten Sie darauf, ein Panik-Tagebuch zu führen, sei es in Form eines Notizbuches oder eines Smart-Gerätes, da Sie wichtige Beobachtungen darin festhalten werden. Diese Daten können Ihrem Spezialisten vorgelegt werden und Sie beide können gemeinsam erarbeiten, was genau bei Ihren Attacken abläuft. Es kann für Ihre betreuende Fachperson sehr hilfreich sein, zu wissen, was Sie erleben.

Es gibt in diesem Buch noch weitere Techniken, die Ihnen helfen können. Bleiben Sie zuversichtlich und seien Sie gewiss, dass Hilfe auf dem Weg ist.

## Zusammenfassung des Kapitels

Die Anwendung der fünf Schritte des AWARE-Systems wird Ihnen helfen, während einer Panikattacke Ruhe zu bewahren. Dies kann dazu beitragen, die intensiven Symptome, die Sie bei einer Panikattacke erleben, zu lindern. Die fünf Schritte des AWARE-Programms sind die folgenden:

1. **A**nerkennung und **A**kzeptanz der Panikattacke
2. **W**arten und **W**erten (**Wi**rken)
3. **A**ktionen zur Linderung der Symptome
4. **R**epetition
5. **E**nde

Diese fünf Schritte sollen Sie bei der Bewältigung Ihrer Panikattacken unterstützen. Sich seiner Panikattacken bewusst zu sein und sie zu akzeptieren, mag der schwierigste Teil sein. Es lohnt sich aber, den richtigen Umgang mit Ihren Panikattacken zu erlernen. Häufig gibt es mehr als einen Zyklus von Panikattacken. Deshalb ist es am besten, die fünf Schritte zu wiederholen, bis Ihre Panikattacke beendet ist.

Im nächsten Kapitel erfahren Sie, wie Sie Ihre Panikattacken stoppen können.

KAPITEL 5:

# Schluss mit den Panikattacken

Jetzt, wo Sie die fünf Schritte des AWARE-Systems beherrschen, können Sie sich mit einigen neuen Techniken befassen, die Ihnen dabei helfen können, Ihre Panikattacken zu stoppen. Es ist sehr wichtig, Ihre Panikattacken zu akzeptieren und anzuerkennen. Es kann jedoch auch von Vorteil sein, sich auf etwas anderes, als auf Ihre Panikattacke, zu konzentrieren.

In diesem Kapitel lernen Sie zwölf verschiedene Techniken kennen, die Sie anwenden können, um Ihre Panikattacken zu stoppen. Am Anfang mag es schwierig sein, einige dieser Dinge zu tun, während man sich in einer Panikattacke befindet, aber mit etwas Übung wird die Umsetzung einfacher. Vielleicht sollten Sie versuchen, sich in diesen Techniken zu üben und eine Routine zu entwickeln, sodass es bei einer Panikattacke einfacher ist, etwas zu unternehmen.

## Lernen Sie, sich zu konzentrieren

Auch wenn Sie vielleicht das Gefühl haben, dass man während einer Panikattacke nichts anderes tun kann, als sich dem Terror hinzugeben, ist es trotz allem möglich, den Angriff zu unterdrücken. Am besten bringen Sie sich selbst bei, den Fokus auf etwas anderes zu lenken und so den Anfall gezielt zu unterbinden.

Im letzten Kapitel haben wir erörtert, wie wichtig Akzeptanz und Anerkennung sind. In der Lage zu sein, innezuhalten und die Attacke anzunehmen, kann einen großen Beitrag dazu leisten, die tatsächliche Dauer Ihrer Attacke zu verkürzen.

Es ist sehr wichtig, dass Sie sich der Panikattacke nicht widersetzen oder sich zu sehr aufregen. Wenn Sie ruhig sind und das Geschehnis hinnehmen, besteht die Möglichkeit, dass die Symptome der Panikattacke weniger intensiv ausfallen.

## Panikattacken dauern nicht für immer

Dies wurde zwar bereits erwähnt, aber um es noch einmal zu verdeutlichen: Wenn Sie die Tatsache berücksichtigen, dass die Panikattacke nicht ewig dauern und irgendwann zu einem Halt kommen wird, können Sie die überwältigende Angst vor einer nicht mehr endenden Panikattacke besiegen. Auch wenn Panikattacken manchmal ziemlich überwältigend sind, dürfen Sie nicht vergessen, dass Sie nur eine kurze Phase konzentrierter Angst durchleben.

### *Körperliche Symptome*

Es kann vorkommen, dass sich Ihre Symptome eher körperlich als psychisch bemerkbar machen. Vielleicht hatten Sie gerade Ihre erste Panikattacke und sind sich der Ursache nicht sicher. Es ist ratsam, Ihren Arzt aufzusuchen und sich untersuchen zu lassen, um herauszufinden, ob es körperliche Ursachen dafür gibt, dass Sie möglicherweise intensive Symptome haben, wie ein Engegefühl in der Brust oder übermäßiges Schwitzen und Herzklopfen.

### *Suchen Sie das Gespräch*

Es kann auch hilfreich sein, sich mit Ihrem Arzt über die Wahl des richtigen Psychiaters oder Therapeuten auszutauschen, da er vielleicht andere psychiatrische Fachkräfte empfehlen kann, mit denen er eine Arbeitsbeziehung pflegt. So haben Sie ein Team, das einen einzigartigen und wirksamen Behandlungsplan für Sie ausarbeiten kann.

*Kontrollieren Sie Ihren Atem*

Es ist möglich, dass Ihre Panikattacke so intensiv ist, dass sie Ihnen den Atem raubt. Es kann sein, dass Sie Ihren Atem beschleunigen und dem Gefühl ausgesetzt sind, nicht mehr atmen zu können. Gelegentlich kann diese Art des Atmens auch dazu führen, dass sich Ihr Brustkorb eng anfühlt. Wenn dies geschieht, können Sie diesen Symptomen durch verschiedene Maßnahmen entgegenwirken.

Tiefes Einatmen und langsames Zählen bis vier während des Ein- und Ausatmens können eine große Hilfe sein. Wenn Sie stattdessen die schnelle Atmung beibehalten, kann dies Ihre Angst verstärken und zu extremer Anspannung in Ihrem Körper führen, was schließlich andere körperliche Symptome erzeugen kann, wie ein Engegefühl in oder eine Schwere auf der Brust. Daher ist es wichtig, sich auf die Kontrolle Ihrer Atmung zu konzentrieren.

Atmen Sie tief, als würden Sie einen Ballon füllen und zählen Sie langsam mit, während Sie Ihre Lungen ausdehnen. Diese Art der Atmung kann Ihnen helfen, sich auf etwas anderes als Ihre Panikattacke zu konzentrieren und hilft Ihnen bei der Bewältigung des Anfalles.

Die Konzentration auf die tiefe Atmung kann Sie zum innerlichen Glauben führen, dass Sie die Attacke überstehen werden. Darüber hinaus kann Ihnen tiefes Atmen helfen, die Situation besser zu kontrollieren und sich während einer Panikattacke wohler zu fühlen. Zudem ist es insbesondere sehr wirksam, die Aufmerksamkeit während einer Panikattacke auf etwas anderes zu lenken.

## Medikamente

Wir werden verschiedene andere Techniken besprechen, die Ihnen während eines Anfalles helfen können. Dennoch sollten Sie die Einnahme von Medikamenten zur Unterdrückung der Attacken in Erwägung ziehen. Wenn Sie von einem Psychiater oder Ihrem Hausarzt behandelt werden, werden Ihnen möglicherweise

Medikamente verschrieben, die Ihnen helfen, die Intensität einer Panikattacke zu überwinden. Die Einnahme dieser Medikamente kann regelmäßig morgens, abends oder während des Tages erfolgen. Darüber hinaus können Ihnen Medikamente zur Einnahme nach Bedarf (pro re nata bzw. PRN) verordnet werden.

Wenn Ihnen ein PRN-Medikament verschrieben wird, ist es wichtig, dass Sie es in ihrer Nähe haben, damit Sie es bei Bedarf einnehmen können. Ein PRN-Medikament kann die Dauer und die Intensität der Panikattacke erheblich verkürzen, wenn Sie es richtig dosieren.

Zu den PRN-Medikamenten, die Ihnen möglicherweise verschrieben werden, gehören Betablocker oder ein Benzodiazepin. Propranolol ist ein gängiger Betablocker, der verschrieben wird, um den rasenden Herzschlag zu verlangsamen und den Blutdruck zu senken.

Benzodiazepine, wie Valium, Xanax oder Klonopin, können ebenfalls helfen. Bei der Einnahme von Medikamenten dieser Art ist jedoch Vorsicht geboten, da sie ein hohes Abhängigkeitsrisiko mit sich tragen. Ihr Körper kann zudem eine Toleranz entwickeln, je mehr Sie von diesen Medikamenten einnehmen. Benzodiazepine sind jedoch nach wie vor sehr wirksam bei der Behandlung von Angst- und Panikattacken. Denken Sie daran, vorsichtig zu sein, wenn Sie diese Medikamente einnehmen und nehmen Sie sie nur dann ein, wenn sie von Ihrem Arzt verschrieben wurden.

Medikamente können Ihnen dabei helfen, Ihre Panikattacken zu kontrollieren, aber ebenso wichtig ist es, eine Umgebung zu wählen, in welcher sich keine Trigger befinden. Eine umfassendere Liste von Medikamenten zur Behandlung von Angstzuständen finden Sie in Kapitel sieben.

## Reizüberflutung

In einer sich ständig verändernden, schnelllebigen Welt gibt es eine Menge Dinge, die unsere Sinne mit Reizen überfluten und überlasten können. Laute Musik ist etwas, mit dem jeder immer wieder konfrontiert wird, wenn er einen Abend in der Stadt verbringt oder in einem Restaurant zu Abend isst. Darüber hinaus gibt es Fälle, in denen man von Lichtern überflutet wird. Viele beliebte Bars und Lokale haben für ihre Gäste extrem große Fernsehbildschirme installiert. Diese Fernsehbildschirme zeigen alles, von Fußballspielen bis hin zu beliebten Fernsehsendungen oder speziellen Veranstaltungen. Einige Restaurants haben mehr als einen Bildschirm an der Wand.

Wenn Sie von so vielen Reizen überflutet werden, kann Ihr Gehirn negativ reagieren und es ist nicht ungewöhnlich, dass diese Reize Ihre Sinne überwältigen und eine Panikattacke auslösen. Achten Sie auf Schilder, die zur Warnung von Besuchern angebracht sind. Bei einigen Filmen ist sogar ein Hinweis an der Kinokasse angebracht, die dem Zuschauer mitteilt, dass viele überwältigende Stimuli (z. B. Blinklichter) im Film vorkommen.

Wenn Sie aufgrund von erdrückenden Reizen Panikattacken bekommen, ist es wichtig, dass Sie lernen, sich von grellem Licht und lauten Geräuschen fernzuhalten. Wenn sich solch eine Exposition nicht vermeiden lässt, versuchen Sie, sich aus dem zentralen Bereich des Stimulus zu entfernen. Sollte dies auch nicht möglich sein, suchen Sie eine Stelle im Raum auf, an der Ihre Exposition begrenzt ist und tun Sie Ihr Bestes, um sich auf Ihre Atmung oder eine andere Handlung zu konzentrieren, von der Sie glauben, dass sie Ihnen helfen wird, die Symptome Ihrer Panikattacke zu überwinden und/oder zu lindern.

## Panikattacken und Trigger

Ein „Trigger" ist ein Auslöser, der das Eintreten eines Ereignisses oder einer Situation verursacht oder beeinflusst - in unserem Fall eine Panikattacke. Es ist nicht klar, was die konkreten Auslöser für eine Panikattacke sein können, da ihre Ursachen nicht vollends bekannt sind. Patienten haben jedoch berichtet, dass sie Panikattacken erlebt haben, nachdem sie bestimmten Dingen, wie hellem Licht, lauten Geräuschen, geschlossenen Räumen oder großen Menschenmassen, ausgesetzt waren. Wie können Sie sich also die Auslöser, die Ihre Panikattacken verursachen, vor Augen führen? Eine Methode, die sich bewährt hat, ist das Führen eines Tagebuches über die Ereignisse, die Ihren Panikattacken vorausgegangen sind.

Wenn Sie ein Tagebuch über Ihre Panikattacken führen, lassen sich Muster oder Hinweise herauskristallisieren, welche bestimmten Situationen Ihre Panikattacken auslösen. Bis Sie diese Situationen mit Ihrem Therapeuten durcharbeiten können, ist es ratsam, sich der Dinge bewusst zu werden, die ein Risiko darstellen. Gehen Sie jedoch nicht bis zum Äußersten, indem Sie nur zu Hause bleiben oder auf die Teilnahme an einer Veranstaltung verzichten, nur weil Sie möglicherweise einem Ihrer Auslöser ausgesetzt sein könnten. In der Therapie können Sie darauf hinarbeiten, sich gegenüber den Situationen, die auf Sie zukommen, zu desensibilisieren. Es ist wichtig, dass Sie Ihre Auslöser kennenlernen und aktiv darauf hinarbeiten, gesund mit ihnen umzugehen.

## Sport setzt Endorphine frei

Eine weitere gesunde Weise, mit einer Angst- oder Panikattacke umzugehen, sind leichte Übungen oder Aktivitäten. Auch wenn es keine Möglichkeit gibt, sich auf eine Panikattacke vorzubereiten, ist Bewegung etwas, wodurch Sie sich besser fühlen werden.

Sport ist mehr, als nur Ihren Körper zu straffen und Kalorien zu verbrennen. Er hilft auch, Endorphine freizusetzen, die Ihre Stimmung verbessern und Ihren Körper entspannen. Selbst wenn Sie nur leichte Bewegungen, wie Gehen, durchführen, setzen Sie diese Endorphine in Ihrem System frei. Darüber hinaus kann Ihnen das Gehen helfen, mit einer stressigen Umgebung zurechtzukommen. Ein kurzer Spaziergang während einer stressigen Phase kann Ihnen helfen, Ihre Atmung zu regulieren und nervöse Spannungen, die sich durch Stress aufgebaut haben, abzubauen.

Ein Spaziergang während einer Panikattacke unterstützt Sie dabei, sich auf etwas anderes zu konzentrieren als auf das, was die Panik verursacht. Er kann Ihnen auch helfen, Ihren Kampf- bzw. Fluchtinstinkt zu lindern. Zusammenfassend lässt sich sagen, dass es viele Vorteile von leichten Betätigungen/Aktivitäten gibt, wenn Sie Panikattacken überwinden müssen.

Bewegung ist sehr wichtig für Ihr körperliches Wohlbefinden, aber Achtsamkeit kann auch dazu beitragen, die Auswirkungen einer intensiven Panikattacke zu verringern. Bei einer Panikattacke ist es wichtig, konzentriert zu bleiben, auch wenn Sie intensive körperliche Reaktionen verspüren. Achtsamkeit kann dazu beitragen, eine Panikattacke zu unterbinden.

## Achtsamkeit

Achtsamkeit ist der Zustand, in welchem man sich dessen, was um einen herum geschieht, bewusst wird oder es sich vergegenwärtigt. Achtsamkeit wird Ihnen helfen, in der Gegenwart präsent zu sein. Sobald Sie dies erreicht haben, können Sie akzeptieren, dass Sie eine Panikattacke haben. Zudem kann Ihnen die Wahrnehmung Ihrer körperlichen Empfindungen, Gedanken und Gefühle bei Ihrer Genesung helfen.

Niemiec (2017) stellt fest, dass Achtsamkeit bewusst gesteuerte Aufmerksamkeit ist. Manchmal, wenn Sie eine Panikattacke haben, könnten Sie das Gefühl bekommen, von der Realität losgelöst zu sein. Es gibt jedoch Übungen, die Sie während einer Panikattacke ausführen können, um wieder zu sich selbst zurückzufinden.

1. Hören Sie sich vier verschiedene Klänge an und überlegen Sie sich, was sie alle voneinander unterscheidet.
2. Lenken Sie Ihre Aufmerksamkeit auf fünf verschiedene Dinge um Sie herum und achten Sie dabei darauf, inwiefern sich jedes einzelne von den anderen unterscheidet.
3. Wählen Sie drei Objekte aus und zählen Sie sich selbst die Unterschiede (z. B. in ihrer Beschaffenheit, Verwendung und Temperatur) auf.
4. Konzentrieren Sie sich auf ein oder zwei verschiedene Gerüche um Sie herum. Was sind das für Gerüche? Haben Sie diese schon einmal gerochen?
5. Probieren und schmecken Sie - etwa ein Bonbon, das Sie in Ihrer Tasche oder Geldbörse tragen.

Solche Übungen werden Ihre Aufmerksamkeit von der Panikattacke umlenken und Sie in die Gegenwart zurückführen. Das ist es, was Sie in diesem Augenblick brauchen.

## Richten Sie Ihre Aufmerksamkeit auf einen Gegenstand

Achtsam zu sein ist eine gute Möglichkeit, in der Gegenwart zu verweilen und sich zu konzentrieren. Allerdings könnte es anfangs schwierig sein, ohne Weiteres einfach achtsam zu werden. Eine Sache, die Sie tun können, um sich in Achtsamkeit zu üben, ist, sich auf ein Objekt zu konzentrieren.

Diese einfache Aufgabe kann Ihnen wirklich helfen, wenn Sie eine Panikattacke haben. Wählen Sie ein Objekt in Ihrer Nähe aus und konzentrieren Sie sich vollständig darauf. Studieren Sie dieses Objekt und bestimmen Sie seine Eigenschaften, damit Sie sich besser konzentrieren können. Welche Farbe und Form hat der Gegenstand? Wie ist seine Beschaffenheit? Solche Fragen können Ihnen helfen, sich darauf zu fokussieren.

Sie können sogar etwas bei sich tragen, auf das Sie sich konzentrieren können, wenn Sie glauben, dass ein Auslöser oder eine Reizüberflutung stattfinden könnte. Ein geschliffener Stein oder Kristall kann leicht in Ihrer Tasche getragen werden und dient der Konzentration, wenn sich eine Panikattacke anbahnt. Dies könnte Sie aus dem Chaos herausholen, das während einer Panikattacke entsteht.

Wenn Sie eine Panikattacke haben, können sich Ihre Muskeln verkrampfen. Neben der Konzentration auf einen Gegenstand können Sie sich auch darauf konzentrieren, die Spannung in Ihren Muskeln zu lösen. Die *Progressive Muskelentspannung* ist eine hilfreiche Übung, die Sie inmitten einer Panikattacke ausprobieren sollten.

## Muskelentspannung

Der Schlüssel zu dieser Übung besteht darin, Ihre Atmung zu verlangsamen und sich die Erlaubnis zur Entspannung zu geben. Wenn Sie entspannt sind, wird sich Ihre Atmung verlangsamen und Sie können beginnen, sich auf Ihre einzelnen Muskelgruppen zu konzentrieren und im Geiste loszulassen. Diese Übung, auch bekannt als *Progressive Muskelentspannung*, besteht darin, sich auf jede einzelne Muskelgruppe in Ihrem Körper zu fokussieren und sich bildlich vorzustellen, wie sich die Muskeln entspannen.

Es gibt viele verschiedene Muskelgruppen, auf die Sie sich konzentrieren können, auch wenn dies bedeutet, dass Sie sich viele Gruppen merken müssen. Einige gute Ansatzpunkte sind die Konzentration auf Ihre Arme, dann auf den Kopf, den Nacken, die Schultern, die Brust, danach auf die Hüften und schließlich auf Ihre Beine und Füße. Spannen Sie diese Muskelgruppen nacheinander an und fühlen Sie diese Spannung fünf Sekunden lang, bevor Sie Ihre Muskeln loslassen und sich zehn Sekunden lang entspannen. Machen Sie dies mit Ihrem ganzen Körper. Die Progressive Muskelentspannung hat einen zweifachen Nutzen: Erstens gibt sie Ihnen etwas, womit Sie sich beschäftigen können, und zweitens können Sie die Muskeln lockern, die sich während Ihrer Panikattacke wahrscheinlich ziemlich verkrampfen.

## Finden Sie Ihre Wohlfühlzone

Jeder hat einen Ort, an dem er sich glücklich und wohlfühlt. Vielleicht ist es eine Bank in einem schönen Park oder irgendwo am Strand. Jeder Mensch hat seine ganz eigene Wohlfühlzone.

Wenn Sie Mühe damit haben, sich auf etwas im Raum zu konzentrieren, schließen Sie Ihre Augen und reisen Sie gedanklich in Ihre Wohlfühlzone. Nehmen Sie sich einen Augenblick Zeit, um darüber nachzudenken, wie Sie sich an diesem Ort fühlen. Denken Sie an so viele Details, wie Ihnen einfallen und konzentrieren Sie sich komplett darauf.

Wenn Sie an eine ruhige Umgebung und an einen Ort denken, der Ihnen wahres Glück bringt, wird Ihre Panikattacke in Ihrer Ausbreitung behindert.

## Legen Sie sich ein Mantra zurecht

Ein Mantra ist ein Wort, Satz oder Laut, das Ihnen helfen kann, sich zu konzentrieren (Crawford, 2018). Ich denke beispielsweise gerne an das Wort „glücklich", wenn ich unter Stress stehe. Vielleicht haben Sie ein Wort oder eine Phrase, die Sie glücklich macht, wie z. B. „Zu Hause ist es am schönsten."

Indem Sie dieses Mantra wiederholen, wenden Sie sich von der Panikattacke ab und denken und tun etwas Positives für sich selbst. Ein anderer guter Satz, den Sie während einer Panikattacke verwenden können, lautet: „Auch das wird vorübergehen." Dieses spezielle Mantra lenkt nicht nur von Ihrer Panikattacke ab, sondern gibt Ihnen auch die Zuversicht, dass das, was Sie durchmachen, irgendwann zu Ende geht und dass es nicht ewig dauern wird.

Wenn Sie Ihr Mantra gefunden haben, probieren Sie es aus und sehen Sie, wie es Ihnen hilft, Ihre Atmung zu regulieren und Ihre Muskeln zu entspannen. Dies ist eine hilfreiche Maßnahme, um Ihre Panikattacken zu stoppen, denn sie hilft nicht nur bei der Entspannung. Ein gutes Mantra kann Sie auch beruhigen und Ihnen helfen, die Angst zu überwinden.

## Während des Anfalles um Hilfe bitten

Wenn Sie von einer Panikattacke betroffen sind, kann es hilfreich sein, Unterstützung zu erhalten. Vielleicht haben Sie einen Ehepartner oder einen Freund, dem Sie von diesen Panikattacken erzählen können. Suchen Sie sich eine wichtige Person in Ihrem Leben aus, die Ihnen während einer Panikattacke zur Seite steht.

Diese Person kann die Aufgabe eines Trainers übernehmen, der Ihnen durch eine schwierige Situation hilft, indem er Sie während einer schweren Zeit an die erlernten Techniken erinnert. Sie können diese Person beispielsweise darum bitten, Sie daran zu erinnern, sich zu konzentrieren. Alternativ können Sie diese Person mit Muskelentspannungstechniken vertraut machen und sie kann Ihnen dabei helfen, diese Routine umzusetzen.

Wenn Sie eine Panikattacke an einem öffentlichen Ort haben, dürfen Sie die Menschen um Sie herum immer auf Ihre Not aufmerksam machen. Bitten Sie - nach besten Kräften - eine Person, die sich in Ihrer Nähe befindet, Sie an einen abgelegenen Ort zu bringen, an welchem Sie sich dem Beenden Ihrer Panikattacke widmen können. Ob in der Öffentlichkeit oder privat, es ist gut, etwas Hilfe zu haben, während man eine Panikattacke durchmacht.

Panikattacken können sich wie ein massiver Übergriff anfühlen. Sie können beängstigend sein und Ihnen das Gefühl geben, dass die Welt um Sie herum zusammenbricht. Deshalb ist es wichtig, zu lernen, wie Sie Ihre Panikattacken stoppen können. Sie können eines oder mehrere der in diesem Kapitel aufgeführten Dinge umsetzen, was Ihnen beim Stoppen Ihrer Panikattacke behilflich sein wird. Insbesondere ist es wichtig, dass Sie sich versichern, auf eine anfangs vermeintlich unkontrollierbare Situation einen gewissen Einfluss zu haben. Prägen Sie sich diese Strategien zum Stoppen Ihrer Panikattacken ein, damit Sie, wenn Sie eine Panikattacke haben, vorbereitet sind.

## Zusammenfassung des Kapitels

In diesem Kapitel haben Sie gelernt, wie man Panikattacken aufhalten kann. Neben der Anwendung der Schritte des AWARE-Systems ist es wichtig, Dinge zu tun, die Ihnen helfen, die Panikattacke zu überwinden. In der folgenden Liste sind die in diesem Kapitel skizzierten Strategien noch einmal zusammengefasst, die Sie anwenden können, um eine Panikattacke zu beenden:

- Tiefes Atmen bzw. Bauch- oder Zwerchfellatmung
- Nehmen Sie (falls vom Arzt verschrieben) Ihre Medikamente regelmäßig ein.
- Schränken Sie die Reize ein, welchen Sie ausgesetzt sind.
- Versuchen Sie, Ihre Auslöser zu erkennen.
- Führen Sie leichte, rhythmische Übungen durch.
- Trainieren Sie Ihre Achtsamkeit.
- Konzentrieren Sie sich auf etwas.
- Führen Sie Muskelentspannungsübungen durch.
- Versetzen Sie sich gedanklich in Ihre Wohlfühlzone.
- Wiederholen Sie Ihr Mantra.
- Bitten Sie die Menschen, denen Sie vertrauen, um Hilfe.

Wenn Sie diese Schritte ausführen und Ihre Panikattacken akzeptieren und erkennen, können Sie erfolgreich verhindern, dass Ihr Leben von Ihren Panikattacken bestimmt wird. Im nächsten Kapitel erfahren Sie mehr über einige wirksame Entspannungstechniken.

KAPITEL 6:

# Wirksame Entspannungstechniken

Mit diesem Buch lernen Sie neue Techniken kennen, die Ihnen bei einer Panikattacke helfen können. Einige der vorgestellten Ansätze werden vielleicht wiederholt, aber nicht deswegen, weil es etwa an der Anzahl möglicher Techniken mangeln würde - vielmehr ist es so, dass einige Techniken vielfach erwähnenswert sind.

Techniken, die Ihnen durch Ihre Panikattacke helfen, können einfacher Natur sein (wie Zählen) oder eine komplexere Struktur haben, wie z. B. Achtsamkeit. Prägen Sie sich so viele Techniken wie möglich ein und scheuen Sie sich nicht, einige selbst entworfene Techniken hinzuzufügen.

Es ist sehr wichtig, eine Routine zu entwickeln. Um diese Strategien erfolgreich anzuwenden, sollten Sie daran arbeiten, sie zu praktizieren, während Sie keine Panikattacke haben. Probieren Sie eine nach der anderen aus und gehen Sie, sobald Sie eine Technik beherrschen, zur nächsten über, sodass Sie am Schluss ein Repertoire an Techniken haben, von welchen Sie bei einer Panikattacke Gebrauch machen können.

## Bewusste Entspannung kann einen Einfluss haben

Wenn Sie eine Panikattacke haben, verkrampft sich Ihr ganzer Körper. Die Angst während einer Panikattacke bereitet Ihren Körper auf eine Art von Gefahr vor. Adrenalin wird freigesetzt und Ihre Muskeln verspannen sich. Der Versuch, sich zu entspannen, ist daher von *entscheidender* Bedeutung.

Obwohl Sie nicht vorhersehen können, wann eine Panikattacke eintreten wird, können Sie sich durch das Erlernen verschiedener Techniken für den Ernstfall vorbereiten. Die Entspannung während einer Panikattacke ist sehr wichtig. Denn wenn Sie sich verspannen und ängstlich werden, richten Sie mehr Schaden als Nutzen an. Tatsächlich wird eine Panikattacke umso intensiver sein, je höher der Grad der Anspannung in Ihrem Körper ist.

Wenn Sie jedoch einige Entspannungstechniken erlernen, können Sie die Intensität vermindern und Ihre Reaktion auf die Panikattacke vermutlich dämpfen. Diese Entspannungstechniken funktionieren, weil sie die Stressreaktionen Ihres Körpers, wie etwa eine erhöhte Herzfrequenz, eine schnelle Atmung und angespannte Muskeln, beeinflussen.

Wenn Sie sich die Zeit nehmen, einige Entspannungstechniken zu üben, sind Sie gut vorbereitet, wenn eine Panikattacke beginnt.

## Atemübungen

Wenn Sie eine Panikattacke erleben, wird die Atmung zu einem Problem: Entweder atmen Sie zu flach oder die Atmung ist extrem beschleunigt. Dementsprechend können Methoden zur Entspannung des Atems einen großen Einfluss auf die intensiven körperlichen Reaktionen haben, die Sie während einer Panikattacke durchlaufen.

Folgen Sie diesen Schritten, um Ihren Atem zu kontrollieren, wenn Sie sich nervös oder ängstlich fühlen:

- Bitten Sie jemanden, einen ruhigen und angenehmen Ort zu finden, an welchem Sie sich während der Panikattacke hinsetzen können.
- Sobald Sie es sich an diesem Ort bequem gemacht haben, legen Sie eine Hand auf Ihren Bauch, die andere auf Ihre Brust. Nun atmen Sie tief ein und aus. Ergänzend können Sie sich beim Einatmen vorstellen, wie sich Ihr Bauchraum, ähnlich wie ein Ballon, mit Luft füllt.

- Atmen Sie langsam und regelmäßig durch die Nase ein. Beobachten und spüren Sie Ihre Hände beim Einatmen. Die Hand auf Ihrer Brust sollte ruhig bleiben, während sich die Hand auf Ihrem Bauch leicht bewegt.
- Atmen Sie langsam durch Ihren Mund aus.
- Wiederholen Sie diesen Vorgang mindestens zehn Mal oder zumindest, bis sich ihre Angst etwas beruhigt hat.

Eine andere Atemtechnik besteht darin, sich mit dem Daumen und dem Mittelfinger die Nasenlöcher zuzuhalten. Heben Sie den Mittelfinger an und atmen Sie ein. Beobachten Sie dabei, wie sich die auf Ihrem Bauch platzierte Hand bewegt. Halten Sie den Atem an und verschließen Sie mit dem Mittelfinger das Nasenloch wieder. Jetzt ist der Daumen mit der Anhebung dran. Atmen Sie die eingeatmete Luft durch das offene Nasenloch aus. Wenn Sie damit fertig sind, beginnen Sie den Prozess erneut. Wiederholen Sie diese Übung, bis Sie sich besser fühlen. Diese Art der Atmung findet große Beliebtheit in der Yoga-Meditation.

## Versetzen Sie sich gedanklich in Ihre Wohlfühlzone

Im letzten Kapitel haben wir uns detailliert damit befasst, die eigene Wohlfühlzone zu finden und sich während einer Panikattacke gedanklich auf diesen Ort zu fokussieren. Diese Technik ist so erfolgreich, weil sie nicht nur Ihrem Körper, sondern auch Ihrem Geist zur Entspannung verhilft. Der Ort, an welchen Sie denken, kann echt sein oder Ihrer Fantasie entspringen. Es sollte aber ein Ort sein, der Sie glücklich macht und zu Ihrer Entspannung beiträgt. Machen Sie es sich nicht zu kompliziert, die gedankliche Verbildlichung soll nicht noch mehr Angst in Ihnen auslösen.

Wenn Sie eine Panikattacke haben, ist es wichtig, dass Sie Ihr subjektives Zeitempfinden verlangsamen. Versuchen Sie, die Details aufzurufen, die Ihre Konzentration erfordern, wenn Sie an Ihre Wohlfühlzone denken. Das Nachdenken über den Geruch, das

Gefühl und die Klänge dieses Ortes ist ein simpler Weg, sich neu zu konzentrieren. Sie müssen sich nicht unbedingt an die kleinsten Details Ihrer Wohlfühlzone erinnern, wie etwa die genaue Anzahl der Treppen vom Strand bis zum Innenhof oder den Farbverlauf der Wände. Halten Sie es einfach und praktikabel.

Wenn Sie an die Details Ihrer Wohlfühlzone denken, konzentrieren Sie sich darauf, gedanklich dorthin zu reisen. Atmen Sie langsam durch Nase und Mund ein und konzentrieren Sie sich auf Ihre Atmung wie auch auf die Details Ihrer Wohlfühlzone. Fahren Sie damit fort, bis die Panikattacke zu schwinden beginnt.

## Die Macht der Gedanken

Wenn Sie sich mitten in einer Panikattacke befinden, könnten schnell negative oder ängstliche Gedanken aufkommen. Manchmal lässt die große Intensität einer Panikattacke die Betroffenen glauben, dass sie sterben werden. Ihre Gedanken können in eine Abwärtsspirale geraten, um sich die schlechtesten Ergebnisse vorzustellen. Deshalb ist es wichtig, diese ängstlichen Gedanken zu unterbinden und zu verhindern, dass sie die Situation dominieren und den durch die Panikattacke verursachten Leidensdruck erhöhen.

Zunächst sollten Sie sich in Erinnerung rufen, dass es nur Ihre Gedanken sind, die Sie ängstlich machen. Dann müssen Sie diese negativen Gedanken unterbinden und mehr positives Denken in Ihren Kopf bringen, sodass Sie die Negativität stoppen oder unterbrechen können. Zu den Techniken, die Sie ausprobieren können, gehören die folgenden:

- Denken Sie an einen geliebten Menschen und jene Eigenschaften, die Sie an ihm schätzen.
- Denken Sie an etwas in der Zukunft, worauf Sie sich freuen. Das kann z. B. ein Kinobesuch oder ein Essen in einem hervorragenden Restaurant sein.

- Tragen Sie Ihr Lieblingsbuch bei sich. Wenn sich eine Panikattacke anbahnt, können Sie es zur Hand nehmen und darin lesen.
- Schalten Sie das Radio ein oder spielen Sie aufmunternde Musik auf Ihrem Smartphone ab.
- Falls Sie vor der Panikattacke mit etwas Wichtigem beschäftigt waren, versuchen Sie, sich wieder vollständig dieser Sache zu widmen.

Verwenden Sie diese Techniken, um Ihre Gedanken zu unterbrechen, die Ihre Panikattacke verschlimmern. Es ist wichtig, dass Sie Ihre Aufmerksamkeit von der Angst auf etwas Positives umleiten, das Sie von der Intensität der Panikattacke ablenken kann.

### *Aufmerksam in der Gegenwart leben*

Wie im letzten Kapitel besprochen, kann es sehr lohnend sein, sich in Achtsamkeit zu üben. Üben Sie, achtsam zu sein, bevor Sie eine Panikattacke haben, sodass Achtsamkeit zur Selbstverständlichkeit für Sie wird. Um Achtsamkeit zu üben, können Sie die folgenden Dinge tun (Legg, 2018):

- Reisen Sie gedanklich an einen ruhigen und angenehmen Ort. Setzen Sie sich und schließen Sie die Augen.
- Konzentrieren Sie sich auf Ihre Atmung und auf Ihre Körperempfindung.
- Verschieben Sie Ihren Fokus von Ihrer Atmung und Ihrem Körper und achten Sie auf Ihre Umgebung. Richten Sie Ihre Aufmerksamkeit auf das, was Sie hören, fühlen und riechen. Stellen Sie sich die folgende Frage: „Was passiert um mich herum?"
- Bleiben Sie aufmerksam und wechseln Sie hin und her zwischen der Konzentration auf Atmung und Körper und der Wahrnehmung Ihrer Umgebung, bis die Angst zu schwinden beginnt.

Achtsamkeit ist der beste Weg, um in die Gegenwart zurückzufinden. Sie ist auch ein sehr wichtiges Instrument, das bei einer Panikattacke eingesetzt werden kann. Bei der Achtsamkeit geht es darum, einen ruhigen Zustand zu erreichen und die negativen Gedanken, die während einer Panikattacke auftreten, auszuschalten. Wenn Sie achtsam sind, leben Sie in der Gegenwart, welche auch keine Vergangenheit oder Zukunft kennt, über die Sie sich Sorgen machen müssten - nur die Gegenwart zählt.

## *Spannungen abbauen*

Im letzten Kapitel haben wir dargelegt, wie wichtig es ist, dass Sie Ihre Muskeln entspannen. Die *Progressive Muskelentspannung* ist eine gute Möglichkeit, Spannungen zu lösen. Es gibt jedoch auch eine andere Vorgehensweise, die Sie während einer Panikattacke ausprobieren können:

1. Suchen Sie sich einen gemütlichen Ort. Schließen Sie die Augen und fokussieren Sie sich auf Ihre Atmung. Atmen Sie langsam durch die Nase ein, anschließend atmen Sie durch Ihren Mund aus.

2. Ballen Sie Ihre Hand zu einer Faust und drücken Sie sie so fest wie möglich zusammen.

3. Verweilen Sie einige Sekunden in dieser Position und denken Sie an die Spannung in Ihrer Hand.

4. Lockern Sie die Faust wieder und denken Sie an die Spannung, die Ihrer Hand entweicht. Achten Sie darauf, wie Ihre Hand nach und nach leichter wird, während Sie sich entspannen.

5. Versuchen Sie diese Technik mit anderen Körperteilen, wie den Beinen, den Schultern und den Füßen.

Sollten Sie irgendwo eine Verletzung haben, ist es ratsam, die Muskelentspannung nicht an dieser Stelle durchzuführen. Der Vorteil dieses Ansatzes ist, dass Sie selbst entscheiden können, wie weit Sie gehen wollen. Wenn Sie Schwierigkeiten haben, sich zu konzentrieren, versuchen Sie, so viele Einheiten wie möglich durchzuführen. Wiederholen Sie die gleichen Bereiche, wenn nötig. Das Wichtigste ist, dass Sie Ihren Fokus von der Panikattacke weg verlagern und eine gewisse Entspannung finden.

## Eine simple Technik

Eines der einfachsten Dinge, die Sie tun können, wenn Sie eine Panikattacke haben, ist das Zählen. Wenn die Panikattacke beginnt, begeben Sie sich an einen ruhigen und sicheren Ort. Sollten Sie sich beim Autofahren oder in einer Menschenmenge befinden, begeben Sie sich an den Straßenrand oder an einen sicheren Ort, an dem Sie sich setzen können. Sobald Sie sich an diesem sicheren Ort befinden, schließen Sie Ihre Augen und beginnen Sie, bis zehn zu zählen. Es kann schwierig sein, sich während einer Panikattacke darauf zu konzentrieren, aber haben Sie Geduld mit sich selbst und versuchen Sie weiterzumachen. Wenn Sie bei zehn angelangt sind, versuchen Sie, bis 20 zu zählen. Machen Sie so lange weiter, bis Ihre Angst verschwindet.

Wenn Sie Ihre Augen nicht schließen können, können Sie dennoch zählen. Machen Sie einfach weiter und zählen Sie so weit Sie können oder zählen Sie immer wieder bis zur gleichen Zahl. Vergessen Sie beim Zählen nicht, auf Ihre Atmung zu achten.

## Weitere mögliche Techniken

### *Behalten Sie Ihr Stresslevel im Blick*

Die in diesem Kapitel behandelten Techniken können auch dann angewendet werden, wenn Sie keine Panikattacke haben. Es gibt oft Zeiten, in denen wir uns regelrecht gestresst fühlen. Wenn Sie mit einer dieser Techniken solch einer Belastung begegnen, können Sie vielleicht Ihr generelles Stressniveau senken und so vermeiden, dass ein zu hohes Stressniveau eine Panikattacke auslöst.

### Vermeiden Sie die Trigger, die Ihnen bekannt sind

Mit der Zeit können Sie Muster ausmachen, die vor Ihrer Panikattacke eintreten. Falls Sie sich in einer Therapie befinden, besprechen Sie diese Muster. Andernfalls sollten Sie sich auf Ihr Panik-Tagebuch verlassen, um Schlussfolgerungen darüber zu ziehen, was Ihre Attacken auslösen kann.

Es ist ein schmaler Grat zwischen dem Vermeiden von Auslösern und dem Rückzug aus Ihrer gewohnten Routine. Seien Sie behutsam, auf welche Weise Sie sich aus den prekären Situationen zurückziehen wollen. Manchmal reicht schon die Wahl eines vernünftigen Sitzplatzes bei einem Konzert. Dieser sollte idealerweise abseits von hellen Lichtern und Menschenmassen liegen. Auf dem Balkon zu sitzen, wenn es die Umstände erlauben, kann Sie von Ihren Auslösern fernhalten, ohne dass Sie auf das Konzert verzichten müssen.

### Legen Sie sich einen Plan zurecht

Suchen Sie sich einen Freund oder ein Familienmitglied aus, das Ihnen bei einer Panikattacke zur Seite steht. Erstellen Sie einen Plan, der speziell auf sie zugeschnitten ist, wenn Sie eine Panikattacke haben. Sie können sich beispielsweise an einen ruhigen und sicheren Ort bringen lassen. Ergänzend können Sie dieser Person eine Atemtechnik zur Verringerung der Intensität der Attacke erklären. Besprechen Sie in jedem Fall, ob und unter welchen Umständen diese Person den Gang zur Notaufnahme erwägen sollte. Insgesamt ist es wichtig, einen Plan zu haben, den Sie mit einer Person Ihres Vertrauens teilen können.

### Soziale Unterstützung

Jeder erfährt Stresssituationen. Scheuen Sie sich nicht, den Menschen in Ihrem Umfeld zu erklären, dass Sie unter Panikattacken leiden. Sie wären überrascht, wenn Sie wüssten, wie viele Menschen Ihre Situation verstehen. Je mehr Unterstützung Sie um sich herum haben, desto größer ist die Chance, dass jemand da ist, der Ihnen während einer Panikattacke zur Seite steht.

***Seien Sie proaktiv***

Auch wenn Panikattacken dann auftreten, wenn Sie am wenigsten damit rechnen, können Sie proaktiv handeln und die in diesem Kapitel vorgestellten Techniken üben. Es mag schwierig sein, eine Panikattacke zu bewältigen, aber diese Techniken können Ihnen den Umgang mit der Situation erleichtern.

Wenn Ihnen eine Technik einfällt, die hier nicht erwähnt wurde, sollten Sie sie unbedingt ausprobieren. Es gibt zahlreiche weitere Strategien, die Ihnen als Stütze dienen können, so z. B. Akupressur oder das Hören von Naturgeräuschen. Betrachten Sie dieses Kapitel als eine Kostprobe von den Ressourcen, die Ihnen zur Verfügung stehen.

Jede Panikattacke ist einzigartig. Vielleicht müssen Sie erst verschiedene Techniken ausprobieren, bis Sie die richtige finden. Gehen Sie diese Techniken mit Ihrem Therapeuten durch und üben Sie sie nach Möglichkeit. Lassen Sie nicht zu, dass Sie sich durch eine Panikattacke von Freunden und Verwandten entfernen, die Ihnen ggf. helfen können. Bitten Sie stattdessen, wenn möglich, um Hilfe.

## Zusammenfassung des Kapitels

In diesem Kapitel haben Sie sich mit wirkungsvollen Entspannungstechniken vertraut gemacht. Es ist wichtig, den Stress Ihres Körpers entsprechend ernst zu nehmen. Sie können Ihre Herzfrequenz senken, die schnelle Atmung stoppen und Ihre Muskeln entspannen, indem Sie von den präsentierten Techniken Gebrauch machen.

- Achten Sie während einer Panikattacke auf Ihre Atmung.
- Reisen Sie gedanklich an Ihren Wohlfühlort.
- Unterbrechen Sie den Teufelskreis negativer Gedanken.
- Seien Sie achtsam.

Im nächsten Kapitel werden Sie lernen, wie sich Panikattacken verhindern lassen.

KAPITEL 7:

# Wie sich Panikattacken verhindern lassen

Trotz des aktuellen Forschungsstandes sind wir immer noch nicht sicher, warum es zu Panikattacken kommt. Ist es eine Sache des Gehirnes? Hat es mit Stress zu tun? Hat es mit einem Trauma zu tun? Es ist schwierig, Antworten auf diese Fragen zu erhalten, weil Fachärzte den Ursprung von Panikattacken noch nicht gefunden haben. Nur weil wir die Ursache von Panikattacken nicht kennen, heißt dies jedoch nicht, dass wir keine Strategien ausprobieren sollten, die dazu beitragen, die Wahrscheinlichkeit auf eine Panikattacke zu verringern. In diesem Kapitel werden wir uns mit präventiven Maßnahmen befassen, die Sie selbst anwenden können.

## Bezwingen Sie den Stress

Zunächst müssen Sie sich um sich selbst sorgen, um eine Panikattacke zu verhindern. Ob erholsamer Schlaf oder eine ausgewogene Ernährung - es ist wichtig, dass Sie alles tun, um gesund und stark zu bleiben.

Es wird angenommen, dass Stress einer der Faktoren ist, die eine Panikattacke begünstigt. Selbst wenn es zu einer Panikattacke kommt, können Sie die Intensität der Panikattacke durch den richtigen Umgang mit Stress dadurch abschwächen, dass Sie zunächst gelassen sind.

Um den Stressfaktor zu beseitigen, sollten Sie an den Stressoren arbeiten, die Sie in Ihrem Leben haben. Zerlegen Sie sie in kleinere Portionen, die Sie nicht gleich überwältigen. Schlafen Sie ausreichend und ruhen Sie sich aus, damit Sie mit der Bewältigung von Druck zurechtkommen.

Gewöhnen Sie sich Meditationspraktiken oder Entspannungstechniken an. Diese Techniken können Ihnen an stressigen Tag helfen. Auch das Führen eines Tagebuches über Ihre Herausforderungen kann Ihnen helfen, wenn Sie unter Stress stehen. Wenn Sie über Ihre Stressoren schreiben, können Sie einen besseren Plan für den Umgang mit ihnen ausarbeiten.

## Strategien zum Abbau von Stress

Regelmäßige Bewegung kann Ihnen helfen, Stress abzubauen. Selbst wenn es nur 15 bis 20 Minuten pro Tag sind, kann Sie jede Art von körperlicher Aktivität dabei unterstützen, einen Teil des sich manifestierenden Stresses abzubauen.

Wie bereits im vorherigen Abschnitt erwähnt, sollten Sie genug Schlaf bekommen, um für die Bewältigung von Stress gestärkt zu sein. Wenn Sie lange aufbleiben und früh aufwachen, werden Sie einen Schlafmangel verspüren, der Ihre Fähigkeit beeinträchtigt, mit Herausforderungen umzugehen. Schlaf ist äußerst wichtig für Ihr Wohlbefinden. Wenn Sie Schwierigkeiten haben, eine gute Nachtruhe zu bekommen, wird es nicht schaden, einen Termin mit Ihrem Hausarzt zu vereinbaren, um über Ihre Schlaflosigkeit zu sprechen.

Ausgeruht und gelassen auf Ihre Herausforderungen zu reagieren, wird Ihnen helfen, schwerwiegende Panikattacken zu verhindern.

## Eine ausgewogene Ernährung tut gut

Bei der Prävention von Panikattacken sollten Sie auch Ihre Ernährung berücksichtigen. Die Lebensmittel, die Sie essen, sind wichtig. Eine Ernährung, die reich an Vollkorngetreide, Gemüse und Obst ist, kann Ihnen helfen, sich satt und gut versorgt zu fühlen. Verarbeitete Lebensmittel werden Ihren Appetit nicht lange stillen und eine Ernährung, die hauptsächlich aus Kohlenhydraten besteht, wird auch nicht viel zu Ihrem Wohlbefinden beitragen. Die Schwierigkeit ist, dass Ihr

Blutzuckerspiegel ein Tief erleidet, wodurch Sie sich schwach fühlen. Zudem sollten Sie darauf achten, drei feste Mahlzeiten pro Tag sowie Snacks zu sich zu nehmen. Ihr Körper muss regelmäßig versorgt werden. Wenn Sie sich zittrig oder ausgehungert fühlen, sind Sie möglicherweise anfälliger für Panikattacken. Die Etablierung einer gesunden und nahrhaften Ernährungsroutine kann dazu beitragen, dass Sie sich besser fühlen.

Sie sollten auch genügend Wasser trinken, um hydriert zu bleiben und auf Koffein nur begrenzt oder gar nicht zurückgreifen. Ihr Körper muss mit genügend Flüssigkeit versorgt werden, um einwandfrei zu funktionieren. Auch übermäßiger Alkoholkonsum ist eine weitere Sache, der Sie im Rahmen einer guten Ernährung Beachtung schenken sollten. Alkohol kann Ihren Blutdruck ansteigen lassen und Ihrem Körper erheblichen Schaden zufügen.

### *Studie von Harvard über die Verhinderung von Panikattacken durch eine ausgewogene Ernährung*

Ein jüngst im *Harvard Health Blog* veröffentlichter Artikel von Naidoo (2019) über Ernährungsstrategien und Angstzustände attestiert, dass Forscher bei Versuchen an Mäusen feststellen konnten, dass eine magnesiumarme Ernährung Angstzustände tendenziell verstärkte. Umgekehrt kann eine Ernährung mit hohem Magnesiumgehalt die Ruhe fördern. Dazu gehören Blattgrün (wie Spinat), Nüsse, Mangold, Vollkorngetreide und Hülsenfrüchte.

Nachfolgend finden Sie einige Lebensmittel, die sich in der Prävention von Angstzuständen als wirksam erwiesen haben:

- Lebensmittel, die reich an Zink sind, wurden mit einer Verringerung von Angstzuständen in Verbindung gebracht: Austern, Eigelb, Rindfleisch, Cashewnüsse und Leber.
- Eine Studie aus dem Jahr 2011 belegt, dass Omega-3-Fettsäuren helfen können, Angstzustände zu reduzieren: Fetthaltiger Fisch, wie z. B. Alaska- Lachs.

- Die chinesische Regierung hat den Einsatz von Spargelextrakt aufgrund seiner angstlösenden Eigenschaften genehmigt. Diese Genehmigung erfolgte nach einer von Hilmire u. a. durchgeführten Forschungsstudie (2015; Naidoo, 2016).
- Nahrungsmittel mit einem hohen Vitamin-B-Gehalt, so etwa Mandeln oder Avocado, haben einen positiven Einfluss auf Angstzustände.

Es wird angenommen, dass ein ausgeglichener Gehalt an Antioxidantien dazu beiträgt, Angstzustände zu bekämpfen. Eine im Jahr 2010 von Carlsen u. a. durchgeführte Studie hat diese Erkenntnis bestätigt. Lebensmittel, die einen hohen Gehalt an Antioxidantien aufweisen, sind:

**Bohnen**: Pintobohnen, schwarze Bohnen und rote Kidneybohnen

**Früchte**: Äpfel, Pflaumen und Süßkirschen

**Beeren**: Brombeeren, Heidelbeeren, Preiselbeeren, Erdbeeren, Himbeeren

**Gemüse**: Brokkoli, Spinat, Grünkohl und Artischocken

**Nüsse**: Pekannüsse, Walnüsse

**Gewürze**: Ingwer, Kurkuma

Aufgrund all der Daten, die dafür sprechen, dass bestimmte Lebensmittel helfen können, Angstzustände einzudämmen, ist es sinnvoll, auf eine gute Ernährung zu achten, um Panikattacken vorzubeugen.

## Die Intensität von Panikattacken mildern

Gibt es eine Möglichkeit, Ihre Panikattacken weniger intensiv zu gestalten? Wie bereits erwähnt, sind die Gefühle, einen Herzinfarkt oder den Tod zu erleiden, einige mögliche Reaktionen, die Sie auf eine intensive Panikattacke haben könnten. Die gute

Nachricht ist, dass es Dinge gibt, mit denen Sie Ihren Panikattacken entgegenwirken können.

Panikattacken können sehr schnell auftreten und es mag den Anschein haben, als würden die Symptome nur noch schlimmer werden. In Wahrheit aber haben Ihre Panikattacken ebenso einen Anfang wie auch ein Ende. Das Schlimmste, das Sie tun können, ist, sich von der Intensität Ihrer Symptome einholen zu lassen. Ja, es ist natürlich, während einer Episode überfordert und verängstigt zu sein, aber wenn Sie sich auf andere Dinge als Ihre Panikattacke konzentrieren können, wird das Ganze einfacher für Sie werden.

Darüber hinaus kann es auch ratsam sein, sich der Panikattacke hinzugeben und ihr einfach ihren Lauf zu lassen, während man sich vor Augen hält, dass sie nicht ewig dauern wird. Versuchen Sie auch, sich davon zu überzeugen, dass die Symptome nur ein Teil Ihrer Panikattacke sind und keine medizinische Erkrankung (dies jedoch bitte erst, nachdem Ihr Arzt bestätigt hat, dass Sie keinerlei medizinische Probleme haben).

Nehmen Sie sich nach Ihrer Panikattacke die Zeit, mehr über Panikattacken im Allgemeinen zu erfahren, anstatt sich über deren Intensität Gedanken zu machen. So können Sie Ihre Angst vor dem Unbekannten beseitigen.

### *Panikattacken und Atmung*

Kurzatmigkeit und Hyperventilation gehören zu den häufigsten Symptomen einer Panikattacke. Diesen können Sie durch die Anwendung verschiedener Atmungstechniken während der Attacke entgegenwirken. Lernen Sie, wie Sie Ihre Atmung verlangsamen können. Ein tiefer Atemzug, während Sie bis zehn zählen, ist eine gute Methode, Ihre Kurzatmigkeit zu bekämpfen. Falls Sie mehr als zehn Sekunden brauchen, zählen Sie weiter. Durch bewusstes Einatmen können Sie sich selbst dazu bringen, sich zu beruhigen und die Intensität Ihrer Panikattacke zu verringern.

Wie in einem vorherigen Kapitel angesprochen, ist es effektiv, Ihre Hand auf den Bauch zu legen, sodass Sie fühlen können, wie sich Ihr Bauch beim Einatmen hebt und beim Ausatmen senkt. Sich auf etwas anderes als die Kurzatmigkeit zu konzentrieren, kann bei einer Panikattacke wirklich helfen.

### *Die Intensität von Panikattacken verkürzen*

Zu Beginn einer Panikattacke können Sie Angst und Beklemmung empfinden. Sie können jedoch daran arbeiten, sich nicht überfordert zu fühlen. Eine großartige Taktik zur Linderung einer intensiven Panikattacke kann darin bestehen, den Fokus von der Panikattacke auf etwas oder jemanden zu verlagern.

Eine weitere Sache, die Sie tun könnten, ist, eine vertraute Person anzurufen, die Ihnen während der Episode helfen kann. Sie können auch versuchen, bis 100 zu zählen oder jegliche geistige Aktivität ausführen, die Sie auf andere Gedanken bringt.

### *Teilen Sie sich Ihre Zeit ein*

Teilen Sie zu erledigende Aufgaben in überschaubare Teile auf und setzen Sie sich Fristen, um diese zu bearbeiten. Verpflichten Sie sich nicht zu mehr Arbeit, als Sie bewältigen können. Es ist auch gut, Ihr Privatleben so zu gestalten, dass Sie einen strukturierten Zeitplan mit Auszeiten und Entspannungsphasen haben. Versuchen Sie, in Ihrem Privatleben Kollegen und Mitmenschen Grenzen zu setzen, denn es ist wichtig, dass Sie so oft wie möglich Ruhephasen haben.

Wenn Sie mit Ihrer Arbeit und Ihrem Privatleben überfordert sind, sind Sie anfällig für einen Zusammenbruch und möglicherweise einer schweren Panikattacke.

### *Was Sie nicht tun sollten*

Irgendein negatives Selbstgespräch, in welchem Sie sich selbst einreden, dass Sie sterben werden oder dass Ihnen etwas Schreckliches zustoßen wird, wollen Sie ganz bestimmt vermeiden.

Versuchen Sie, sich an positive Aussagen zu erinnern, die Ihre negativen Gedanken ersetzen können, wie z. B. diese: „Auch wenn ich Angst habe, akzeptiere ich mich selbst", „Ich werde das durchstehen", oder „Ich bin stark."

## Selbstfürsorge ist wichtig

Auch wenn Ihre Symptome extrem sind, gibt es Dinge, die Sie für sich selbst tun können. Es ist sehr wichtig, dass Sie sich um sich selbst kümmern. Dies kann eine Änderung Ihrer Lebensweise beinhalten, welche Ihnen helfen wird, Ihre Angst- und Stressgefühle zu reduzieren.

Um es nochmals zu erwähnen: Jetzt ist die Zeit, Entspannungstechniken zu erlernen, zu meditieren oder zu versuchen, Yoga zu praktizieren. Nehmen Sie diese Techniken in Ihr tägliches Leben auf, damit sie beginnen können, Erfolge zu erzielen.

Bewegung kann auch dazu beitragen, Ihren Stress und Ihre Angst abzubauen. Schon 20 Minuten täglich oder mindestens drei Mal pro Woche können von Vorteil sein. Ein kurzer Spaziergang oder ein Training im Schwimmbad sind ebenfalls Aktivitäten, die Ihnen beim Stressabbau helfen können.

Je öfter Sie diese Tätigkeiten ausüben, desto eher werden Sie sie bei einer Panikattacke anwenden. Es kann unangenehm sein, während einer Panikattacke zu tanzen oder mit dem Fahrrad herumzufahren, aber Sie dürfen zur Linderung der Symptome auch auf unorthodoxe Maßnahmen zurückgreifen.

Bei der Selbstfürsorge geht es darum, sich selbst ein besseres Gefühl zu geben. Scheuen Sie sich nicht davor, ein neues Hobby aufzunehmen, das Ihre Gelassenheit fördert. Das Zusammensetzen von Puzzles oder Handarbeiten können die Gelassenheit sehr unterstützen. Sie können sich auch mit Spiritualität beschäftigen, um Ruhe in Ihr Leben zu bringen. Diese Dinge können Ihnen dabei helfen, sich um sich selbst zu kümmern und sie können einen Unterschied in Ihrem täglichen Lebensgefühl machen.

Während Sie daran arbeiten, Ihre Panikattacken mit Selbstfürsorge zu überwinden, sollten Sie überlegen, welche Techniken wirksam sind. Ein Panik-Tagebuch, ein persönliches Tagebuch oder eine Tabelle zur Aufzeichnung von Angst- und Stresszuständen kann eine visuelle Erinnerung daran sein, was sich für Sie während einer Panikattacke bewährt hat und woran Sie in Zukunft noch arbeiten sollten.

## Suchen Sie die Zusammenarbeit mit Ihrem Facharzt

Sobald Sie mit einem Spezialisten für psychische Gesundheit zusammenarbeiten, wird er einen Behandlungsplan entwerfen, der auf Sie zugeschnitten ist. Zunächst wird er alle anderen medizinischen Probleme ausschließen, die die Symptome Ihrer Panikattacke verursachen könnten. Beispielsweise wird er sicherstellen, dass Sie nicht unter Herzproblemen oder Asthma leiden, was ein möglicher Grund für Kurzatmigkeit sein könnte.

Wie bereits in einem vorherigen Kapitel erwähnt, kann Ihr Psychiater beschließen, Ihnen Medikamente zu verschreiben, die Sie während der Panikattacke zur Beruhigung einnehmen können. Ihr Therapeut wird Ihnen auch bei der Entscheidung helfen, welche Strategien Sie während der Panikattacke anwenden sollen.

Falls Ihre Panikattacken zunehmen, scheuen Sie sich nicht, dies Ihrem Facharzt mitzuteilen. Psychiater wie auch Therapeuten werden immer bereit sein, Alternativen in Betracht zu ziehen, die hilfreich für Sie sein könnten. Das Ziel ist Ihr Wohlbefinden - wenn Sie der Meinung sind, dass Ihre Bezugspersonen nicht hundertprozentig zu Ihnen stehen, besprechen Sie Ihre Behandlungsbedenken mit ihnen. Insgesamt gilt: Es ist umso besser, je mehr Sie mit den Menschen kommunizieren, die Sie ausgewählt haben, um Ihnen zu helfen.

## Medikamente, die helfen können

Nach der Einschätzung durch Ihren Therapeuten wird Sie dieser vermutlich an einen Psychiater überweisen, welcher Medikamente verschreiben darf. Die folgenden Abschnitte geben Ihnen einen Überblick über die Medikamente, die zur Behandlung von Angst- und Spannungszuständen eingesetzt werden können.

**Selektive Serotonin-Wiederaufnahmehemmer** haben geringe Nebenwirkungen. Es handelt sich um Antidepressiva: Sie sind in der Regel die erste Wahl, die Ihr psychiatrischer Betreuer in Betracht zieht. Sie werden deshalb oft eingesetzt, weil sie dazu beitragen, das Serotonin-Gleichgewicht in Ihrem Gehirn aufrechtzuerhalten. Niedrige Serotoninspiegel sind mit konstant depressiven Gefühlen in Verbindung gebracht worden, sodass ein ausgeglichener Serotoninspiegel bei negativen Gedankenmustern helfen kann.

**Serotonin-Noradrenalin-Wiederaufnahmehemmer** sind eine weitere Kategorie von Antidepressiva, die Ihnen verschrieben werden können.

**Designer-Antidepressiva** sind eine weitere Klasse von Antidepressiva, die auf Serotonin und Neurotransmitter abzielen und Ihnen somit mehr Energie, Motivation und Aufmerksamkeit verleihen können.

**Trizyklische Antidepressiva** sind ein älterer Typ von Antidepressiva, die ggf. länger bis zum Wirkungseintritt brauchen als selektive Serotonin-Wiederaufnahmehemmer.

**Verschiedene Beruhigungsmittel** werden verwendet, weil sie relativ neu auf dem Markt sind und ein deutlich vermindertes Suchtpotenzial haben.

**Benzodiazepine wirken als Unterdrücker im zentralen Nervensystem.** Sie werden oft zur kurzzeitigen Anwendung eingesetzt, da ein großes Abhängigkeitsrisiko besteht. Sie sind jedoch wirksam bei der Verringerung der Intensität einer

Panikattacke. Benzodiazepine werden nicht für Patienten empfohlen, die eine Tendenz zu Drogenmissbrauch oder eine Vorgeschichte von Drogen- und Alkoholabhängigkeit haben.

**MAO-Hemmer** sind eine ältere Art von Antidepressiva, die es kritischen Neurotransmittern ermöglicht, im Gehirn verfügbar zu bleiben, um so die Stimmung wirksam zu regulieren. Diese Inhibitoren werden nur selten eingesetzt, da sie schwerwiegende Nebenwirkungen, wie Kopfschmerzen, Übelkeit und Schläfrigkeit, hervorrufen.

**Betablocker** werden zur Behandlung von Bluthochdruck eingesetzt, sind aber auch für Ihre positive Wirkung bei Angstzuständen bekannt. Diese Medikamente helfen bei den körperlichen Symptomen der Angst, wie Zittern, Fieber, beschleunigtem Herzschlag und Röte im Gesicht.

**Atypische Antipsychotika** werden bei Angstzuständen nicht oft verschrieben. Diese Medikamente zielen aber auf andere Neurotransmitter ab, z. B. auf Dopamin und Noradrenalin. Diese Medikamente, die üblicherweise in geringeren Dosen verschrieben werden, können manchmal in Kombination mit selektiven Serotonin-Wiederaufnahmehemmern eingesetzt werden.

Ein Psychiater wird mit Ihnen und Ihrem Therapeuten zusammenarbeiten, um die richtigen Medikamente für Ihre individuelle Situation zu finden. In einigen Fällen handelt es sich um einen Versuch „auf gut Glück", wenn es um die Wahl des richtigen Medikamentes geht. Daher ist es unabdingbar, dass Sie bei der Suche nach den passenden Medikamenten oder einer Kombination davon ehrlich mit Ihrem Psychiater sind. Informieren Sie Ihren Psychiater unbedingt über eventuelle Vorerkrankungen oder Nebenwirkungen, die bei Ihnen auftreten.

## Die vollständige Liste der Medikamente zur Behandlung von Angstzuständen

Nachfolgend finden Sie eine Liste der verschiedenen Medikamente, die Ärzte zur Behandlung von Angstzuständen verschreiben können. Denken Sie daran, dass Sie diese nur mit einer ordnungsgemäßen Diagnose und auf Verordnung Ihres Arztes einnehmen dürfen. Arbeiten Sie gemeinsam daran, herauszufinden, welches Medikament sich für Sie und Ihre Situation am besten eignet.

**Selektive Serotonin-Wiederaufnahmehemmer:** Luvox (Fluvoxamin), Celexa (Citalopram), Zoloft (Sertralin), Lexapro (Escitalopram), Paxil (Paroxetin), Paxil (Paroxetin), Prozac (Fluoxetin)

**Serotonin-Noradrenalin-Wiederaufnahmehemmer:** Cymbalta (Duloxetin), Effexor (Venlafaxin), Pristiq (Desvenlafaxin)

**Noradrenerges und spezifisch serotonerges Antidepressivum:** Remeron (Mirtazapin)

**Noradrenalin-Wiederaufnahme-Hemmer:** Wellbutrin (Bupropion)

**Trizyklische Antidepressiva:** Tofranil, Elavil, Adapin, Pamelor, Anafranil

**MAO-Hemmer:** Nardil, Parnate, Marplan

**Benzodiazepine:** Ativan (Lorazepam), Centrax (Prazepam), Klonopin (Clonazepam), Librium (Chlordiazepoxid), Serax (Oxazepam), Valium (Diazepam), Xanax (Alprazolam)

**Beruhigungsmittel, die nicht zur Gruppe der Benzodiazepine gehören:** Buspar (Buspiron), Vistaril (Hydroxyzin)

**Betablocker:** Inderal (Propranolol), Tenormin (Atenolol)

**Atypische Neuroleptika:** Risperdal (Risperidon), Abilify (Aripiprazol), Zyprexa (Olanzapin), Seroquel (Quetiapin), Geodon (Ziprasidon)

**Stimmungsstabilisatoren:** Depakote (Valproinsäure), Eskalith (Lithium), Lamictal (Lamotrigin), Neurontin (Gabapentin)

**Andere:** Tegretol (Carbamazepin), Topamax (Topiramat)

## Panikattacken bei der beruflichen Tätigkeit

Leider können Panikattacken nicht so geplant werden, dass sie nur in Ihrer Freizeit auftreten. Es besteht die Möglichkeit, dass Sie bei der Arbeit eine Panikattacke haben. Insbesondere ist es wichtig, dass Sie einen Plan ausarbeiten, der Aufschluss darüber gibt, was zu tun ist, wenn Sie in dieser Situation eine Panikattacke haben.

Auch wenn Sie Ihre Panikattacken vielleicht für sich behalten wollen, könnte es hilfreich sein, wenn Sie sich einem Vorgesetzten oder Mitarbeiter der Personalabteilung mit Ihrem Problem anvertrauen. Es könnte auch von Vorteil sein, es einem Kollegen zu erzählen und ihm zu erklären, dass Sie unter Panikattacken leiden und was in diesem Fall zu tun ist. So können Sie etwas von dem Stress ablegen, den Sie wegen Ihrer Panikattacken am Arbeitsplatz haben.

Wenn Sie am Arbeitsplatz Panikattacken haben, sollten Sie nach Mustern, Indikatoren oder Auslösern suchen, die vor der Panikattacke eintreten. Selbst wenn Sie feststellen sollten, dass es an Ihrem Arbeitsplatz von Auslösern wimmelt, brauchen Sie Ihren Job nicht gleich aufzugeben. Denken Sie daran, dass es Therapien, wie die *Expositionstherapie* und die *Kognitive Verhaltenstherapie* gibt, die Ihnen helfen können, mit diesen Auslösern umzugehen. Es ist möglich, den Auslösern entgegenzuwirken.

## Bitten Sie um Hilfe

Besprechen Sie die Schwierigkeiten mit Ihrem Therapeuten, die Sie bei der Arbeit haben. Wählen Sie außerdem einen Therapeuten, der Verständnis dafür hat, wenn Sie ihn außerhalb der vereinbarten Termine kontaktieren müssen. Es gibt Therapeuten, die für die Entgegennahme von Mitteilungen und Anrufen im Notfall erreichbar sind und Ihnen bei Panikattacken am Arbeitsplatz zur Verfügung stehen können.

Sollte es nicht möglich sein, Ihren Therapeuten zu diesem Zeitpunkt anzurufen, wählen Sie ein Familienmitglied, dem Sie nahe stehen. Das kann der Ehepartner, der Bruder oder die Schwester sein. Denken Sie daran, dass eine andere Technik darin besteht, einen beruhigenden Gegenstand bei sich zu haben. Sie können z. B. einen glatten Stein oder einen kleinen Gegenstand wählen, der Sie glücklich macht und die Ruhe fördern kann. Bewahren Sie ihn in Ihrer Tasche oder in Ihrer Geldbörse auf.

## Designierte Rückzugsgebiete

Sie können auch die besten Orte ausfindig machen, an die Sie sich zu Beginn Ihrer Panikattacke zurückziehen können. Das mag Ihnen seltsam erscheinen, aber denken Sie darüber nach - hätten Sie lieber eine Panikattacke in Ihrem Büro oder draußen an einem friedlichen Ort? Wenn Ihre Panikattacke beginnt, können Sie das Büro verlassen und sich an Ihren Rückzugsort begeben. Mögliche Rückzugszonen sind u. a. Ihr Auto, ein privates Büro, ein Badezimmer oder ein ruhiger Bereich außerhalb Ihres Büros.

Die Planung der Maßnahmen im Falle einer Panikattacke am Arbeitsplatz ist wichtig, um Ihr Stressniveau zu reduzieren. Vielleicht fühlen Sie sich gedemütigt, wenn Sie an die Möglichkeit einer Panikattacke im Büro und im Beisein Ihrer Kollegen denken, aber wenn Sie einen Plan haben, gibt Ihnen dieser Sicherheit.

## *Erstellen Sie einen robusten Plan*

Eine Sache, die Sie bei der Planung in Betracht ziehen können, ist, wie Sie das Büro verlassen und in Ihr Rückzugsgebiet gelangen. Werden Sie jemandem sagen, wohin Sie gehen? Werden Sie einen Kollegen bitten, Sie zu begleiten, damit er Ihnen helfen kann? Werden Sie an Ihrem Schreibtisch bleiben und einige Atemtechniken anwenden, um sich so weit zu beruhigen, dass Sie Ihren Schreibtisch verlassen und sich in Ihre Rückzugszone begeben können? Werden Sie Ihren Therapeuten anrufen oder Ihrem Vorgesetzten eine SMS schicken, um ihn wissen zu lassen, was gerade passiert? Können Sie einen Kollegen bitten, Sie nach Hause zu bringen? Das sind einige der Fragen, über die Sie nachdenken sollten, wenn Sie einen Plan für den Fall einer Panikattacke am Arbeitsplatz ausarbeiten.

Sie sollten daran denken, Ihren Plan aufzuschreiben. Sie können ein Blatt Papier an Ihrem Schreibtisch anbringen oder in Ihrer Schreibtischschublade aufbewahren. Alternativ können Sie den Plan digital auf Ihrem Smartphone oder auf Ihrem Arbeitscomputer aufbewahren. Was auch immer Sie tun, stellen Sie sicher, dass er leicht auffindbar ist, wenn eine Panikattacke stattfindet (Rauch, 2016).

Insgesamt gibt es verschiedene Dinge, die Sie tun können, um die Panikattacken zu überwinden. Zögern Sie nicht, auf sich selbst zu achten und Ihren Mut aufzubauen. Denken Sie daran, dass Panikattacken beherrschbar und in einigen Fällen vollständig heilbar sind.

## Zusammenfassung des Kapitels

Es ist möglich, Dinge zu tun, die die Wahrscheinlichkeit für Panikattacken vermindern können. Wenn Sie in Ihrem täglichen Leben auf sich selbst achten, kann dies Wunder bewirken. Es ist auch wichtig, an Techniken zu arbeiten, die Ihnen helfen, eine

Panikattacke zu vermeiden. Zu diesen Techniken gehören unter anderem die folgenden:

- Eine ausgewogene Ernährung und ausreichend Schlaf
- Eine positive Einstellung
- Therapiesitzungen
- Sport
- Entsprechende Medikamente
- Systematischer Umgang mit Stress am Arbeitsplatz

Im nächsten Kapitel werden Sie erfahren, wie Sie Ihre Angst vor Panikattacken und Phobien überwinden können.

KAPITEL 8:

# Wie Sie Ihre Ängste vor Panikattacken und Phobien überwinden

Die Dauer einer Panikattacke beträgt ggf. nicht mehr als zehn Minuten, aber ihre Auswirkungen können noch Stunden oder sogar Tage nach der Attacke spürbar sein. Es kann sein, dass Sie nach einer anfänglichen Panikattacke ängstlich und unruhig sind und die Angst vor einer erneuten Panikattacke kurz danach nur schwer zu überwinden ist.

Dieses Unbehagen kann dazu führen, dass Sie zu jeder Stunde und an jedem Tag eine Panikattacke befürchten. Möglicherweise beginnen Sie, alle Umgebungen und Situationen zu meiden, die Ihre Angstattacken auslösen können. Beispielsweise kann es sein, dass Sie Einkaufszentren oder den Park zu meiden beginnen, weil Sie dort Angst- oder Panikattacken hatten.

Sich von den Orten fernzuhalten, an welchen Sie Auslöser vermuten, ist nicht die einzige mögliche Folgeerscheinung. Sie könnten anfangen, Ihr Verhalten vollständig zu ändern, weil Sie glauben, dass bestimmte Verhaltensweisen eine Panikattacke bei Ihnen auslösen. Eine übliche Verhaltensänderung wäre das Fernbleiben von Familienfeiern oder Versammlungen, nachdem Sie in dieser Umgebung eine Panikattacke erlitten haben.

## Verängstigung und Selbstisolation

Ein Kreislauf von Angst und Vermeidung beginnt, sobald Sie anfangen, bestimmte Orte zu meiden und Ihr Verhalten zu ändern. Dadurch entsteht ein Teufelskreis von Angst und Vermeidung, der sich negativ auf Ihr tägliches Funktionieren auswirken kann. Es stimmt zwar, dass Sie einige Ihrer Anfälle dadurch stoppen können, dass Sie zu Hause bleiben oder bestimmten Menschen aus dem Weg gehen, aber diese Taktiken sind in der Regel nur kurzfristig hilfreich.

Auch wenn Sie Panikattacken möglicherweise hilflos machen, gibt es andere Auswege als Selbstisolation und Vermeidungsverhalten. Sie können sich - wie durch das Lesen dieses Buches - über Panikattacken informieren. Über das bereits Besprochene hinaus gibt es vielleicht jemanden in Ihrem Familien- oder Freundeskreis, der ebenfalls mit Panikattacken zu kämpfen hat. Es gibt Selbsthilfegruppen für Menschen, die von Panikattacken betroffen sind. Diese Gruppen werden Ihnen helfen, sich über das aktuelle Wissen und die praktische Seite von Panikattacken zu informieren.

Sie können auch in die Bibliothek gehen oder im Internet recherchieren, um mehr über Panikattacken zu erfahren. Es gibt eine Menge Informationen. Sie sollten jedoch darauf achten, dass Sie eine Referenz oder eine Webseite auswählen, die legitim ist. Sie können die *Drei-Quellen-Regel* des Journalismus anwenden. Wenn Sie drei Referenzen finden, die die gleichen Informationen enthalten, dann ist die Wahrscheinlichkeit groß, dass es sich um valide Fakten und nicht um bloße Spekulationen handelt.

## Panikattacken akzeptieren

Wie wir in Kapitel vier gelernt haben, kann das Akzeptieren Ihrer Panikattacken gegen deren Intensität helfen. Es ist eine bittere Realität, mit der man leben muss, aber Sie können sich damit abfinden, anfällig für diese Art von Episoden zu sein. Denken Sie einfach daran, dass Sie die Macht haben, etwas dagegen zu unternehmen und dass es wichtig ist, sich um Hilfe zu bemühen.

Ändern Sie, wenn möglich, Ihre Reaktion auf Ihre Panikattacken und tun Sie etwas, das Ihnen ein positives Gefühl gibt. Versprechen Sie sich, Routinen und Verhaltensweisen zu erlernen, die Sie unterstützen und stärker machen. Werden Sie zum Beobachter und nicht zum Opfer Ihrer Panikattacke. Wiederholen Sie nach jeder Panikattacke dasselbe positive Verhalten. Lassen Sie nicht zu, dass die Panikattacke siegt - bleiben Sie standhaft und entschlossen, Ihre Panikattacken zu besiegen. Üben Sie weiterhin die Techniken, die Sie in der Therapie, in Ihrer Selbsthilfegruppe oder in diesem Buch gelernt haben.

Außerdem ist es wichtig, dass Sie auf die Panikattacken vorbereitet sind. Halten Sie z. B. immer Ihr Panik-Tagebuch bereit, damit Sie sich notieren können, was vor, während und nach einer Attacke geschehen ist. Rufen Sie sich stets in Erinnerung, worum Sie Ihr Unterstützungsnetzwerk bitten werden und machen Sie sich mit den Techniken vertraut, die Sie während der Attacke anwenden werden.

## Der richtige Umgang mit Phobien

Manchmal liegt die Wurzel des Problems bei Panikattacken darin, dass Sie eine Phobie vor einer Person, einem Ort oder einer Sache haben. Vielleicht ist Ihnen etwas Traumatisches passiert und Sie haben im Nachhinein eine Phobie entwickelt. Phobien können ein wichtiger Auslöser für Panikattacken sein.

Wenn Sie beispielsweise von einem tollwütigen Hund angegriffen wurden und überlebt haben, können Sie möglicherweise Angst vor jedem Hund haben, der Ihren Weg kreuzt. Es kann sogar sein, dass Sie versuchen, Hunden im Allgemeinen ganz aus dem Weg zu gehen. Vielleicht ändern Sie die Route Ihres Spazierweges, meiden das Haus eines Hundebesitzers und würden sich niemals selbst einen Hund anschaffen.

Phobien haben unter den Angststörungen die aussichtsreichste Prognose. Wenn Sie in der Therapie ihr Bestes geben und hart arbeiten, können Sie möglicherweise die Angst im Zusammenhang mit Ihrer Phobie vollständig überwinden. Es gibt Hinweise darauf, dass die *Kognitive Verhaltenstherapie* die mit Phobien verbundenen Angstattacken heilen kann.

Einer der Hauptgrundsätze der Kognitiven Verhaltenstherapie ist die Desensibilisierung gegenüber dem Objekt, das Sie fürchten. Bleiben wir bei dem Beispiel über die Angst vor Hunden: Ihr Therapeut könnte Sie in ein Tierheim begleiten, wo Sie sich in der Nähe von Hunden aufhalten. Die Hauptannahme besteht darin, dass die Panikattacken aufhören werden, sobald Sie hinsichtlich Ihrer Phobie desensibilisiert sind.

Obwohl nicht genau bekannt ist, warum Menschen Panikattacken erleiden, haben Fachleute für psychische Gesundheit darauf hingewiesen, dass bestimmte Phobien die Hauptursache für Panikattacken sind. Die gute Nachricht ist, dass Sie in diesem Fall auf eine gute Prognose für die Behandlung Ihrer Panikattacken hoffen dürfen.

## Kognitive Verhaltenstherapie

Die *Kognitive Verhaltenstherapie* hat sich als ein wirksames Verfahren zur Behandlung von Phobien erwiesen. Vielleicht gibt es ein bestimmtes Verhalten, das Sie durcharbeiten müssen oder negative Gedankenmuster, die Ihre Angst vor dem Objekt verstärken. Die Kognitive Verhaltenstherapie wird Ihnen helfen, diese Situationen besser zu bewältigen.

Eine Erweiterung der Kognitiven Verhaltenstherapie ist die *Konfrontationstherapie*. Diese Technik ist besonders wirksam bei der Behandlung von Angstattacken. Die Konfrontationstherapie ist eine Verhaltenstherapie, die Menschen mit problematischen Ängsten hilft. Wenn ein Therapeut die Konfrontationstherapie zur Behandlung einer Panikstörung einsetzt, setzt er den Patienten systematisch den Ereignissen oder Umgebungen aus, die seine Panikattacken auslösen. Der Therapeut wird für Sie eine sichere Umgebung schaffen, in der Sie sich Stresssituationen bewusst aussetzen können.

## Konfrontationstherapie

Die *Konfrontationstherapie* ist für Menschen geeignet, die aufgrund einer traumatischen Erinnerung oder einer Phobie Panikattacken erleiden. Wenn Sie die auslösenden Situationen meiden, werden Sie sich wahrscheinlich auf ungesunde Weise isolieren, was nicht gut ist. Diese Tendenz kann Ihre Ängste verstärken und es Ihnen erschweren, ein geregeltes und stressfreies Leben zu führen. Wenn Sie z. B. Angst vor Bienen oder Wespen haben, können Sie von der bloßen Vermeidung von Orten mit Bienenstöcken dazu übergehen, das Haus überhaupt nicht mehr zu verlassen.

Die im frühen 20. Jahrhundert entwickelte Konfrontationstherapie wurde von Verhaltensforschern, wie Ivan Pavlov und John Watson, praktiziert. Am bekanntesten ist Pavlov für seine klassische Konditionierung von Hunden. Im Rahmen eines Experimentes konditionierte er Hunde darauf, beim Läuten einer Glocke Speichel zu produzieren.

Der Verhaltensforscher Joseph Wolpe entwickelte 1958 eine systematische Desensibilisierungsmethode, bei der er Entspannungstraining, Angsthierarchien und Konfrontation einsetzte, um Patienten gegen angsteinflößende Situationen zu desensibilisieren. In den 1970er Jahren wurde die Konfrontationstherapie weiterentwickelt.

Es existieren folgende Typen der Konfrontationstherapie:

**Imaginäre Exposition bzw. Vorstellungsübungen:** Der Patient wird aufgefordert, mit seinen Ängsten umzugehen, indem er sich die Situation in seinem Kopf vorstellt (*in sensu*). Durch die Vorstellung eines überfüllten Einkaufszentrums kann eine Person ihre Angst vor Menschenmassen systematisch abarbeiten.

**In-Vivo-Konfrontation:** Der Patient wird realen Situationen ausgesetzt, die Angst und Stress in ihm auslösen. Beispielsweise könnte ein Patient, der Angst vor Hunden hat, in das nächste Tierheim gehen und die Hunde beobachten, während Sie sich in ihrem Gehege aufhalten.

**Virtual-Reality-Konfrontation:** Hier wird virtuelle Realität eingesetzt, um die Angst eines Patienten zu behandeln. Die Situation wird so simuliert, dass sie sich wie eine reale Situation anfühlt. Im Falle einer Person mit Höhenangst würde die Virtual-Reality-Simulation das Herunterklettern von einem hohen Gebäude imitieren.

Neben diesen Formen der Konfrontationstherapie gibt es noch andere, konkretere Vorgehensweisen:

**Systematische Desensibilisierung:** Diese Technik setzt Entspannungstraining und die Entwicklung einer Angsthierarchie ein, in welcher Ängste oder Phobien auf einer einfachen Skala von 1 bis 10 eingeordnet werden. Erlernte Entspannungstechniken gleichen Stress und Ängste aus.

**Graduelle Exposition:** Diese Technik verwendet das Konzept gradueller Desensibilisierung, um die Angst eines Patienten abzubauen.

**Flooding:** Ein Patient wird in vivo oder in sensu für längere Zeit seinen angsterregenden Auslösern ausgesetzt. Diese Therapie wird so lange durchgeführt, bis die Angst erheblich vermindert worden ist (Exposure Therapy, 2015).

**Prolonged Exposure bzw. Exposition:** Ähnlich wie beim Flooding, wird der Patient für längere Zeit mit seiner Angst konfrontiert, jedoch werden Psychoedukation und kognitive Verarbeitung eingesetzt. Dies ist eine wirksame Behandlung von Ängsten in Zusammenhang mit Traumata.

**Exposition und Reaktionsprävention:** Diese Therapieform minimiert die Verbindung zwischen Zwängen und Zwangsvorstellungen. Ein Therapeut provoziert eine Zwangsvorstellung beim Patienten und bittet ihn dann, sich nicht auf seine Zwänge oder Verhaltensrituale einzulassen. Diese Option eignet sich vor allem für Patienten, die daran arbeiten, sich von ihren Zwangsvorstellungen und Zwängen zu befreien.

**Ergebnisse der Konfrontationstherapie**

Ein klinischer Psychologe, der Patienten mit einer Expositionstherapie behandelt, interpretiert Angst als falschen Alarm in Bezug auf eine Person, einen Ort oder eine Sache. Diese Angst ist übertrieben und entspricht verhältnismäßig nicht dem gefürchteten Objekt. Der Grad, in welchem sich die Angst des Patienten manifestiert, weicht von der Reaktion anderer Menschen ab.

Je stärker ein Patient das gefürchtete Objekt aus seiner Umgebung zu entfernen oder zu vermeiden versucht, desto geringer ist die Wahrscheinlichkeit, dass er die Unangemessenheit seiner Reaktion auf die Angst wahrnimmt. Betroffene verstehen auf rationaler Ebene, dass Ihre Reaktion übertrieben oder absurd ist, haben aber tief in ihrem Denken immense Angst. Nicht selten führt diese intensive Angst zu Panikattacken.

Der Therapeut sollte während der Konfrontationstherapie folgende Behandlungsansätze implementieren:

1. Er evaluiert die Angst des Patienten kontinuierlich.
2. Er gibt eine personengerechte Aufklärung über die Ängste, die der Patient durchlebt.
3. Er bietet Strategievorschläge (wie z. B. Achtsamkeit) an und ermutigt den Patienten, diese bei der Bewältigung seiner Ängste einzusetzen.
4. Er nimmt eine graduelle Konfrontation mit dem Gegenstand der Angst vor.
5. Er leitet kognitive Interventionen ein, die negatives oder fehlgeleitetes Denken identifizieren sollen.

Kognitive Umstrukturierung und Medikation werden auch als ergänzende Techniken zur Unterstützung von Patienten eingesetzt, die sich einer Konfrontationstherapie unterziehen.

Der folgende Abschnitt skizziert ein Beispiel für eine graduelle Konfrontationstherapie. In diesem Fall hat der Patient Angst vor Spinnen:

1. Der Patient wird aufgefordert, sich Bilder von Spinnen anzusehen.

2. Anschließend soll er das Bild einer Spinne berühren.

3. In einem nächsten Schritt hat er die Aufgabe, sich Videos von Spinnen im Internet anzusehen.

4. Der Patient wird darauf eine Plastik- oder Spielzeug-Spinne berühren.

5. Danach wird der Patient das Glas oder den Deckel eines Behälters anfassen, in dem sich lebende Spinnen befinden.

6. Anschließend soll sich der Patient vorstellen, wie es ist, eine lebende Spinne zu berühren.

7. Zum Schluss muss sich der Patient der Herausforderung stellen, eine lebende Spinne in die Hände zu nehmen.

Eine Konfrontationstherapie kann äußerst anspruchsvoll für eine Person mit Panikattacken sein. Es ist jedoch wichtig, die Therapie so lange wie möglich durchzuhalten, damit sie Wirkung zeigt. Untersuchungen haben ergeben, dass die Konfrontationstherapie durchaus erfolgreich sein kann, daher ist es wichtig, sich bei dieser Therapieform so gut wie möglich zu beteiligen.

**Zusammenfassung des Kapitels**

Angst und Phobien sind zentrale Bestandteile von Panikattacken. Je früher Sie sich mit ihnen auseinandersetzen, desto besser sind Sie in der Lage, künftige Panikattacken zu verhindern. Es ist möglich, Ihre Ängste vor Panikattacken zu überwinden, indem Sie sich informieren, an Ihren Reaktionen arbeiten und sich darin üben, Ihre Panikattacken zu akzeptieren.

Die Konfrontationstherapie kann Ihnen helfen, sich hinsichtlich Ihrer Phobien zu desensibilisieren. Sie werden mehrere Schritte durchlaufen, um einen Punkt zu erreichen, an dem Sie Ihren Phobien nicht mehr ausgeliefert sind. Dazu gehören:

- Das Betrachten von Bildern, in welchem der Gegenstand Ihrer Phobie dargestellt ist
- Das Anfassen dieser Bilder
- Das Betrachten Ihrer Phobien in der Realität
- Das Berühren einer Nachbildung Ihrer Phobie
- Das Berühren Ihres Phobie-Gegenstandes durch eine Glasplatte oder -vitrine
- Die Vorstellung, den Gegenstand der Phobie anzufassen
- Das tatsächliche Berühren des Gegenstandes der Phobie

KAPITEL 9:

# Kognitive Verhaltenstherapie und EMDR-Therapie: Behandlungsarten ohne Medikamente

Wenn Sie bereit sind, mit der Selbstheilung loszulegen, ist es an der Zeit, einige therapeutische Optionen zu prüfen. Die Wissenschaft mag zwar nicht voll und ganz verstehen, was Panikattacken verursacht, aber das bedeutet nicht, dass es nicht bestimmte Arten von hilfreichen Therapien gibt.

Einige dieser Ansätze beinhalten:

- Panikfokussierte Psychodynamische Psychotherapie (PFPP)
- Kognitive Verhaltenstherapie
- Eye Movement Desensitization and Reprocessing (EMDR) bzw. Desensibilisierung und Verarbeitung durch Augenbewegung

Der Therapieverlauf, den wir in diesem Kapitel beschreiben, ist die *Kognitive Verhaltenstherapie*, eine Therapieform, die sich bei der Behandlung von Panikattacken als wirksam erwiesen hat. Sie ist bekannt dafür, dass sie zielorientiert arbeitet und schnelle Ergebnisse erzielt. Der Erfolg der Kognitiven Verhaltenstherapie und die schnellen Ergebnisse sind ein Grund dafür, dass Therapeuten sie als bevorzugte Therapie zur Behandlung von Patienten mit Panikstörungen einsetzen.

## Die Kognitive Verhaltenstherapie (KVT)

Die *Kognitive Verhaltenstherapie* ist eine Psychotherapie zur Behandlung verschiedener psychischer Störungen, die von *Angstzuständen* bis hin zur *Bipolaren Störung* reichen. Die KVT ist eine Psychotherapie, die sich auf die Gedanken, Gefühle und Wahrnehmungen einer Person sowie Ihrer Reaktion auf diese Gefühle konzentriert. Therapeuten, die die KVT einsetzen, gehen von der Annahme aus, dass Gedanken, Wahrnehmungen und Gefühle das Verhalten beeinflussen (Star, 2019).

Der Grundsatz der KVT lautet wie folgt: Sie sind möglicherweise nicht in der Lage, die Vorgänge in Ihrem Leben zu ändern. Aber Sie können die Art und Weise ändern, wie Sie Ihr Leben wahrnehmen.

Wenn Sie einen Therapeuten aufsuchen, der die KVT anbietet, wird er Ihnen helfen, sich Ihrer imminenten Gedanken bewusster zu werden. Beispielsweise wird ein Therapeut die negativen oder fehlgeleiten Gedankengänge bearbeiten, die in Ihrem täglichen Leben aufgetreten und zu schlechten Gewohnheiten geworden sind.

Die KVT hat sich bei Patienten als wirksam erwiesen, die an einer schweren depressiven Störung, einer Posttraumatischen Belastungsstörung (PTBS), einer Abhängigkeit oder an allgemeinen Phobien leiden. Die KVT hat sich als sehr erfolgreich bestätigt und viele Therapeuten haben sie auch zur Behandlung von Patienten mit *Reizdarmsyndrom*, *Chronischem Erschöpfungssyndrom* und *Fibromyalgie* (Faser-Muskel-Schmerz) eingesetzt.

## Der Umgang mit negativen Gedanken

Wenn Sie eine Panikattacke haben, haben Sie es mit selbstironischen Überzeugungen und negativen Gedanken zu tun. Es kann vorkommen, dass Sie auch sonst in Ihrem täglichen Leben viele negative Gedanken haben. Angst und negative Gedanken können mit Panikattacken in Verbindung gebracht werden. Das primäre Ziel der KVT ist es, Patienten dabei zu helfen, negatives Denken zu überwinden und es durch positive Gedanken und gesündere Handlungen zu ersetzen.

Panikattacken haben nicht nur eine mentale, sondern auch eine physische Komponente. Zu den somatischen Symptomen einer Panikattacke können Brustschmerzen, Kurzatmigkeit, ein schneller Herzschlag und vermehrtes Schwitzen gehören. All diese Symptome können einen Betroffenen überwältigen. Daher kann eine Person, die regelmäßig unter Panikattacken leidet, beunruhigende Gedanken haben und Ängste entwickeln, wie etwa die Angst vor drohendem Wahnsinn, Tod oder Kontrollverlust (Star, 2019).

Eine Panikattacke kann dazu führen, dass Betroffene Angst vor den Auslösern entwickeln, die zur Panikattacke führen. Wenn Sie beispielsweise immer dann eine Panikattacke haben, wenn Sie zum Zahnarzt müssen, wird allein der Aufenthalt im Wartezimmer der Zahnarztpraxis vor der eigentlichen Untersuchung vermutlich dazu führen, dass Sie eine Panikattacke bekommen. Ab diesem Moment entwickelt sich eine bemerkenswerte Angst vor Zahnarztbesuchen. Sie meiden den Zahnarzt selbst dann, wenn Sie starke Zahnschmerzen haben und Ihr Zahnfleisch sich entzündet. In diesem Fall besteht die Störung in Ihrem Leben darin, dass Sie lieber immense körperliche Schmerzen aushalten, als eine Fachkraft aufzusuchen, die speziell dafür ausgebildet ist, Ihre Zahn- und Zahnfleischschmerzen zu lindern.

Je länger Sie die Zahnarztpraxis meiden, desto mehr Angst bekommen Sie. Diese Tendenz ist typisch für jeden, der sich von den Dingen fernhält, vor welchen er sich fürchtet.

Wenn Sie mit der KVT beginnen, können Sie vielleicht nicht kontrollieren, wann Sie eine Panikattacke haben, aber Sie können einige hervorragende Bewältigungsmechanismen erlernen, die Ihnen im Umgang mit der Panikattacke helfen.

## Der Ablauf der Kognitiven Verhaltenstherapie

Es gibt bestimmte Prozesse, die Sie durchlaufen werden, wenn Sie sich einer Kognitiven Verhaltenstherapie unterziehen. Nach Star (2019) sind dies die folgenden:

1. Nehmen Sie Ihre negativen Gedanken wahr - zuerst werden Sie Ihre negativen kognitiven Prozesse oder Denkmuster identifizieren.

2. Nehmen Sie an Aktivitäten und Übungen teil, die Ihnen helfen, Ihre negativen Gedanken leichter wahrzunehmen. Wenn Sie sich an diesen Aktivitäten beteiligen, werden Sie gesündere Denkprozesse entwickeln. Vielleicht bekommen Sie sogar Hausaufgaben, die Ihnen helfen können, Ihre fehlgeleiteten Gedanken zu erkennen.

3. Man wird Sie zu Schreibübungen ermutigen. Durch das Aufschreiben Ihrer Gedanken können Sie Ihr fehlgeleitetes Denken bewerten und erkennen. Sobald Sie diese Art des Denkens isoliert haben, können Sie es durch gesündere Denkprozesse ersetzen. Für diese Übung können Sie spezifische Tagebücher für Ihre Notizen führen, z. B. für Ihre Gedanken und Gefühle, Affirmationen, die Ihnen eingefallen und wofür Sie dankbar sind oder ein Tagebuch, in dem Sie Ihre Panikattacken dokumentieren und beschreiben.

4. Sie werden an Verhaltensänderungen und dem Aufbau von Fähigkeiten arbeiten. In dieser Phase lernen Sie, wie Sie Ihr falsch angepasstes Verhalten neu konfigurieren und gleichzeitig gesunde Bewältigungsstrategien aufbauen und anwenden können (Star, 2019). In dieser Phase konzentrieren Sie sich auf das Erlernen von Fähigkeiten, die Ihnen helfen, mit Ihrem Stress und Ihrer Angst umzugehen sowie Panikattacken zu bewältigen. Es wird erwartet, dass sie diese neuen Fähigkeiten in der Therapie einüben und darüber hinaus täglich trainieren.

5. Desensibilisierung ist eine häufig verwendete Technik, die Ihnen nach und nach beibringt, mit angsteinflößenden Stimuli umzugehen. Darüber hinaus werden Sie lernen, mit der Angst selbst umgehen zu können. Ihr Therapeut wird Sie langsam an beängstigende Situationen heranführen und Sie werden sich durch Ihr Gefühl von Panik und Angst durcharbeiten.

6. In der Therapie werden Sie lernen, während einer Panikattacke ruhig zu bleiben. Die KVT hilft Ihnen, die Symptome Ihrer Panikattacken zu verringern. Es kann ergänzende Behandlungsmöglichkeiten geben, wie etwa Medikamente, die Ihr Therapeut zusammen mit der Therapie verordnet. Das Hauptziel für Ihren Therapeuten besteht darin, Ihnen bei der Entwicklung eines Behandlungsplanes zu helfen, der auf Sie zugeschnitten ist.

## Eye Movement Desensitization and Reprocessing (EMDR) bzw. Desensibilisierung und Verarbeitung durch Augenbewegung

Eine wirksame Methode zur Behandlung von Panikattacken ist die Desensibilisierung und Verarbeitung durch Augenbewegung (EMDR). Nach Gotter (2019) handelt es sich bei dieser Therapie um eine interaktive Psychotherapie, die zur Linderung von psychischem Stress eingesetzt wird.

EMDR ist eine Therapie, die durch Ablenkung der Aufmerksamkeit emotionale Aufwühlung zu verhindern versucht. Wenn Ihre Aufmerksamkeit auf etwas gezogen wird, ist es wahrscheinlicher, dass Sie weniger emotional sind. Der Sinn dieser Therapie besteht darin, die Auswirkungen zu verringern, die diese emotional aufwühlenden Erinnerungen auslösen können. EMDR ist eine geeignete Therapie für Patienten, die Schwierigkeiten haben, über ihre traumatische Vergangenheit zu sprechen.

EMDR wird zudem bei folgenden Krankheitsverläufen eingesetzt:

- Depressionen
- Angstzustände
- Panikattacken und -störungen
- Essstörungen
- Suchterkrankungen

## Wie kommt EMDR den Patienten zugute?

Patienten, die mit EMDR behandelt werden, müssen sich zu mindestens zwölf separaten Therapiesitzungen verpflichten, die in acht Phasen unterteilt sind. Diese Phasen sind die folgenden:

### Phase 1: Anamnese und Planung der Behandlung

In dieser Phase lernt Ihr Therapeut mehr über Ihre traumatischen und schmerzvollen Erinnerungen, denen Sie ausgesetzt sind. Dies ist auch der Zeitpunkt, zu dem Sie Ihre Trigger ansprechen können. Ihr Therapeut wird dann über die Wahl und den weiteren Verlauf Ihrer Behandlung entscheiden.

### Phase 2: Vorbereitung

Hier wird ihr Therapeut mit Ihnen gemeinsam Strategien erarbeiten, die Sie vor oder während Ihrer Panikattacken nutzen können. Sie werden Methoden zur Stressbewältigung erlernen, wie die *Tiefenatmung* und *Achtsamkeit*.

### Phase 3: Assessment

Während dieser Phase entscheidet Ihr Therapeut über spezifische Erlebnisse und den damit verbundenen Komponenten, die er gemeinsam mit Ihnen aufarbeiten wird. Insbesondere wird er versuchen, Ihre körperlichen Empfindungen zu erschließen, wenn Sie sich auf ein Ereignis konzentrieren.

## *Phasen 4 bis 7: Behandlung*

Gotter (2019) erklärt, dass Ihr Therapeut in diesen Phasen mit der eigentlichen Behandlung beginnt. Während Ihrer Sitzung werden Sie gebeten, sich auf ein negatives Bild, einen negativen Gedanken oder eine negative Erinnerung zu konzentrieren.

Während Sie dies tun, wird Ihr Therapeut Sie gleichzeitig auffordern, bestimmte Augenbewegungen auszuführen. Gotter sagt, dass „die bilaterale Stimulation je nach Fall auch Klopfen oder andere Bewegungen beinhalten kann."

Nachdem Sie die bilaterale Stimulation durchgeführt haben, werden Sie aufgefordert, Ihren Geist zu leeren und sich an Ihre Gedanken und Gefühle zu erinnern. Wenn Sie diese Gedanken abrufen, wird Ihr Therapeut Sie möglicherweise bitten, sich wieder auf die Erinnerung zu konzentrieren oder über eine andere traumatische Erfahrung nachzudenken.

Sollte sie die Rückkehr zu Ihrem Trauma überfordern, wird Ihr Therapeut Sie in die Gegenwart zurückholen, bevor er Sie ein anderes erlebtes Trauma abrufen lässt. Während Sie die Phasen des EMDR durcharbeiten, sollten auch die aufwühlenden Gedanken und Gefühle, die mit Ihrer traumatischen Erinnerung verbunden sind, zu schwinden beginnen.

## *Phase 8: Evaluation*

In dieser Phase werden Sie mit Ihrem Therapeuten Ihren Fortschritt in der EMDR-Therapie besprechen. Sind die traumatischen Erinnerungen noch immer schmerzvoll oder lassen diese Gefühle allmählich nach?

Diverse Studien zur Untersuchung der Ergebnisse der EMDR-Therapie besagen, dass diese Praxis positive Veränderungen beim Patienten bewirken kann. Daher ist diese Art der Therapie eine Möglichkeit, die Sie zur Behandlung Ihrer Panikattacken in Betracht ziehen können.

## Zusammenfassung des Kapitels

Es gibt Behandlungsmöglichkeiten für Panikattacken, die nicht auf Medikamente zurückgreifen. KVT und EMDR sind zwei der gängigsten Ansätze zur Behandlung von Panikattacken. Die *Kognitive Verhaltenstherapie* beinhaltet folgende Aspekte:

- Negative Gedanken erkennen und ersetzen
- Schreibübungen
- Kompetenzaufbau und Verhaltensänderung
- Desensibilisierung
- Entspannungstechniken

Im nächsten Kapitel werden Sie mehr darüber erfahren, wie Sie bei Panikattacken die richtige Hilfe erhalten können.

# KAPITEL 10:

# Die richtige Hilfe finden

Panikattacken können äußerst überwältigend sein und Ihr Leben durcheinander bringen. Daher ist es unerlässlich, dass Sie etwas unternehmen, sodass Ihre Anfälle entweder ganz verschwinden oder zumindest weniger intensiv ausfallen.

Bisher haben wir in diesem Buch Strategien diskutiert, wie die *Konfrontationstherapie* und die *Kognitive Verhaltenstherapie*, die beide hervorragend dazu geeignet sind, Sie im Kampf gegen Ihre Panikattacken zu unterstützen. In diesem Kapitel werden einige weitere therapeutische Optionen vorgestellt, mit denen Sie die Intensität Ihrer Panikattacken verringern oder ganz beenden können.

Eine Therapie erfordert viel Engagement und harte Arbeit, aber wenn sie richtig durchgeführt wird, können die Ergebnisse sehr effektiv sein. Der Schwerpunkt liegt darin, die richtige Art von Therapie für Ihre individuellen Bedürfnisse zu finden.

## Kognitive Verhaltensmodifikation

Manchmal ertappen wir uns dabei, wie wir uns selbst etwas einreden. Klinische Psychologen glauben, dass negative Autosuggestion zu Ihren Panikattacken beitragen oder der Auslöser dafür sein kann. Der Psychologe Donald Meichenbaum entwickelte die *Kognitive Verhaltensmodifikation*, um dysfunktionale Selbstgespräche zu identifizieren. Wenn Sie Verhaltensweisen und Muster erkennen, die Ihre Genesung behindern, können Sie erhebliche Fortschritte auf dem Weg zu einem besseren Leben machen. Meichenbaum glaubte, dass sich die Auswirkungen von Verhaltensweisen aufgrund unserer eigenen Selbstverbalisierung manifestieren. Deshalb ist es so wichtig, positive Gedanken zu haben. Wenn Sie Ihre negativen Gedankenmuster reduzieren und zu positiven Gedanken wechseln, können Sie eine Verbesserung oder ein vollständiges Ende Ihrer Panikattacken erzielen.

## Rational-Emotionale Verhaltenstherapie

Albert Ellis entwickelte die *Rational-Emotionale Verhaltenstherapie*. Dies ist eine kognitive Verhaltenstechnik, die bei der Behandlung von Panikstörungen wirksam ist (Ankrom, 2019). Ellis entwickelte eine Therapie, die Patienten hilft, negative Gedanken oder „irrationale Überzeugungen" zu erkennen und abzulegen. Wenn man sich z. B. ständig einredet, nicht mit anderen Menschen mithalten zu können, kann dies schwerwiegende psychische Defizite nach sich ziehen. Indem Sie erkennen, dass diese Aussage oder dieser Gedanke nicht wahr ist, können Sie damit beginnen, die Häufigkeit und Intensität Ihrer Panikattacken zu verringern.

Wenn Sie sich in Therapie befinden und diese Technik anwenden, kann dies dazu beitragen, Ihr Denken zu verändern, sodass Sie mit Ihren Panikattacken besser zurechtkommen oder sie gar nicht mehr haben.

## Panikfokussierte Psychodynamische Psychotherapie

Die *Panikfokussierte Psychodynamische Therapie* (PFPP) ist eine Art von Therapie, die auf spezifischen psychoanalytischen Konzepten beruht. Diese Therapie geht von der Annahme aus, dass Menschen durch frühe Erfahrungen charakterisiert werden und unbewusste Motive und psychologische Konflikte den Kern ihres gegenwärtigen Verhaltens bilden (Ankrom, 2019).

Die Therapeuten gehen davon aus, dass das Unterbewusstsein Abwehrmechanismen besitzt, die unsere schmerzhaften

Emotionen unterdrücken. Daher hilft diese Therapie dabei, Emotionen, die wir in unserem Unterbewusstsein verborgen haben, in den Vordergrund unserer Psyche zu bringen, sodass wir besser mit ihnen umgehen können. Dadurch können die Symptome der Panikstörung entweder gelindert oder beseitigt werden.

## Gruppentherapien

Manchmal kann es sehr ermüdend sein, in der Therapie alleine zu arbeiten. In diesem Fall kann eine Gruppentherapie ggf. die bessere Option sein. Eine Gruppentherapie besteht oft aus Menschen, die gleiche oder ähnliche Probleme wie Sie haben. Sie beruht auf dem Prinzip, dass Sie voneinander Techniken lernen können, die Ihnen helfen, Ihre Panikattacken zu vermindern oder zu stoppen.

Die Gruppentherapie hat zahlreiche Vorteile, wie z. B.:

- Durch den Erfahrungsaustausch mit Menschen, die ähnliche Erfahrungen und Herausforderungen teilen, kann die Scham und das Stigma minimiert werden.

- Andere Gruppenmitglieder können Ihnen als Inspiration und Unterstützung dienen, indem sie gesundes und positives Handeln vorleben.

- Die Gruppentherapie kann Ihnen als eine natürliche „Konfrontationsumgebung" dienen, in der Sie lernen, wie Sie Ihre Angst vor Paniksymptomen in sozialen Situationen verringern können.

Generell sollten Sie sich völlig sicher fühlen, wenn Sie an einer Gruppentherapiesitzung teilnehmen. Die Gruppe, der Sie beitreten, kann aus zwei bis zehn oder mehr Personen bestehen. Oft gibt es einen Therapeuten oder Berater, der die Gruppe leitet. In manchen Fällen wird die Gruppe von einer erfahrenen Person geleitet und verschiedene Themen werden von der Gruppe angesprochen und diskutiert. Der Therapeut oder Gruppenleiter wird Sie und die anderen ermutigen, an einem sicheren Ort über Ihre Panikattacken und Ängste zu sprechen.

## Familien- und Paartherapien

Auch wenn eine Panikattacke eine intime Erfahrung ist, sind nicht nur Sie alleine betroffen. Freunde und Familienangehörige leiden ebenfalls und Ihre Lieben werden ganz gewiss über die intensiven Symptome Ihrer Panikattacken besorgt sein. Es ist schwer, zu sehen, wie jemand, den man liebt, etwas so Überwältigendes, wie Panikattacken, durchmachen muss.

Einige Patienten haben festgestellt, dass eine Paar- oder Familientherapie Probleme lösen kann, die ihre Familienmitglieder, andere wichtige Personen und/oder Freunde bedrücken. Eine Familientherapie befasst sich mit Themen wie den Abhängigkeitsbedürfnissen, die durch Ihre Panikattacken verursacht werden, mit Fragen und Bedenken Ihrer Familie und Ihrer Freunde bezüglich Ihrer Unterstützung sowie mit allgemeiner Kommunikation und Aufklärung über Ihre Panikattacken.

Paar- und Familientherapien können dazu beitragen, Ihr Umfeld zu entlasten. Darüber hinaus kann Ihnen diese Therapieform helfen, bestimmte Hinweise oder Auslöser zu beseitigen, die durch die Spannungen in Ihrer Familie oder Ihrem Freundeskreis verursacht werden. Es kann jedoch notwendig sein, dass Sie sowohl Einzeltherapie als auch Paar- oder Familientherapie in Anspruch nehmen, um die Probleme, die Ihre Panikattacken verursachen, aufzuarbeiten. Insbesondere ist es wichtig, dass Sie eine Therapie wählen, die Ihren individuellen Bedürfnissen gerecht wird.

## Warum Sie sich in Therapie begeben sollten

In den Vereinigten Staaten von Amerika sind etwa sechs Millionen Erwachsene von Panikattacken betroffen, was 2,7 % der Bevölkerung entspricht. Nach Angaben der *Anxiety and Depression Association of America* (o. J.) treten Panikattacken häufiger bei Frauen als bei Männern auf.

Es kann schwierig sein, bei Panikattacken den Schritt zum Therapeuten zu wagen, um Hilfe zu erhalten. Vielleicht glauben Sie, dass Ihre Panikattacken nicht therapierbar sind, doch das stimmt nicht. Viele Menschen finden Abhilfe, wenn sie mit der Therapie beginnen. Es mag schwer sein, an Therapiesitzungen teilzunehmen und all die Dinge zu tun, die Ihr Therapeut von Ihnen verlangt, doch die Alternative ist, unendliche und willkürliche Panikattacken zu ertragen, die so intensiv sind, dass sie Ihr tägliches Leben regelmäßig beeinträchtigen.

Die folgende Liste zeigt verschiedene Gründe, warum Betroffene es vermeiden, Hilfe bei ihren Panikattacken in Anspruch zu nehmen (*„Panic and Panic Disorder"*, 2019):

- Sie neigen zu Drogen- oder Alkoholmissbrauch.
- Sie sind finanziell abhängig von anderen.
- Ihr allgemeiner Gesundheitszustand hat sich bereits verschlechtert.
- Sie haben einen Selbstmordversuch unternommen.
- Sie leiden unter Agoraphobie (Angst davor, nach draußen zu gehen bzw. die Vermeidung von Situationen, die Panik oder Angst auslösen können).

Ein gibt einen weiteren wichtigen Grund, der für eine Therapie spricht. Ihr Therapeut kann nämlich dazu beitragen, Sie zu beruhigen und Ihnen zu versichern, dass Sie nicht „den Verstand verlieren".

## Zehn Wege, um einen guten Therapeuten zu finden

Das Wichtigste bei der Entscheidung, Hilfe in Anspruch zu nehmen, ist die Suche nach einem guten Therapeuten. Aber wie findet man diesen? Nachfolgend sind fünf Strategien aufgeführt, die Sie anwenden können:

1. Erkundigen Sie sich bei Ihrem Hausarzt, ob er mit einem Psychiater oder Therapeuten zusammenarbeitet. Außerdem können Sie fragen, wen er bei schweren Panikattacken empfehlen würde. Ihr Hausarzt arbeitet mit anderen Fachleuten des Gesundheitswesens zusammen, daher empfiehlt es sich, ihn um Rat zu fragen.

2. Freunde und Familienangehörige überraschen Sie vielleicht damit, wie viel sie über psychische Gesundheit wissen. Vielleicht stellen Sie sogar fest, dass einige Ihrer Freunde oder Familienangehörige selbst in Therapie sind oder ihrerseits Freunde haben, die sich in psychologischer Behandlung befinden. Folglich können sie Ihnen vielleicht die Kontaktdaten eines Therapeuten geben, der für Sie infrage kommen würde.

3. Erkundigen Sie sich, ob es an Ihrem Arbeitsplatz ein Programm zur Unterstützung der Mitarbeiter gibt. Fragen Sie hierfür am besten in der Personalabteilung nach. Solche Dienstleistungen können entweder am Arbeitsplatz selbst erbracht oder ausgelagert werden. Eine Beratung könnte auch eine Leistung für Mitarbeiter sein, auf die Sie als Angestellter Anspruch haben.

4. Ihre Versicherungsgesellschaft wird mit großer Wahrscheinlichkeit ein Verzeichnis von Psychiatern und Therapeuten haben, die durch ihre Leistungen gedeckt sind. Wenn Sie Hilfe bei der Auswahl eines Therapeuten benötigen, lassen Sie sich von einem von Ihrer Versicherung zur Verfügung gestellten Sachbearbeiter beraten.

5. Eine Suche nach den Begriffen „Therapeut" und „Panikattacken" im Internet kann ebenfalls eine wirksame Strategie sein, um eine gute psychiatrische Fachkraft zu finden. Viele Fachärzte haben Webseiten oder Blogs, die Ihnen helfen können, sie besser kennenzulernen. Verzeichnisse im Internet führen oft die Behandlungsbereiche auf, die angeboten werden. Wählen Sie also einen Betreuer, der Erfahrungen im Umgang mit Panikattacken und gute Referenzen hat.

Früher war es fast unmöglich, in einer Kleinstadt oder ländlichen Gegend einen Psychiater zu finden. Viele Therapeuten sind heutzutage jedoch auch über Skype, Facetime oder telefonisch erreichbar. Das ist praktisch, wenn Sie in einer Kleinstadt mit begrenzten Ressourcen leben oder wenn Sie zu beschäftigt sind, um die Praxis eines Therapeuten physisch aufzusuchen. Tatsächlich ist manchmal eine Kombination aus Telefontherapie und persönlichem Kontakt hilfreich bei sozialen Phobien, die Sie aufgrund der Panikattacken entwickelt haben.

Holen Sie bei Ihrer Suche mindestens drei Referenzen von verschiedenen Seiten ein. Je mehr psychiatrische Fachkräfte Sie kontaktieren, desto besser stehen Ihre Chancen, einen Therapeuten oder Arzt zu finden, der perfekt zu Ihren Bedürfnissen passt.

## Fragen, die Sie Ihrem Therapeuten stellen sollten

Der Besuch bei einem Therapeuten kann eine neue Erfahrung für Sie sein. Vielleicht haben Sie Zweifel und Ängste, mit einem Therapeuten zusammenzuarbeiten und Ihre Panikattacken zu besprechen. Sie sollten sich besonders gut auf Ihren ersten Termin vorbereiten. Nachfolgend sind einige Fragen aufgeführt, die Sie ihrem Therapeuten stellen oder mit ihm besprechen können.

- Was kann ich gegen die Intensität meiner Symptome unternehmen? Können Sie mir Entspannungstechniken empfehlen?
- Meine Symptome sind äußerst gravierend. Was geht in meinem Geist und Körper vor, dass so starke Symptome auftreten?
- Kann ich lernen, eine Panikattacke zu stoppen?
- Könnten meine Panikattacken durch medizinische Probleme verursacht werden?
- Gibt es bestimmte Nahrungsmittel, Getränke und Medikamente, auf die ich besser verzichten sollte?
- Ich würde gerne mögliche Auslöser in meinem Umfeld oder meinen persönlichen Beziehungen ausfindig machen. Können Sie mich dabei unterstützen?
- Arbeiten Sie mit Psychiatern zusammen, die mich hinsichtlich der Medikation beraten können? Können Sie mich an jemanden überweisen, dem Sie vertrauen?
- Welche Arten von Therapien bieten Sie an? Sind Sie insbesondere mit Therapieformen vertraut, mit denen Panikattacken erfolgreich beendet oder gelindert werden können?
- Welche Therapieformen würden Sie in meinem Fall empfehlen?

Dies sind alles gute Ansatzpunkte, wenn Sie einen Therapeuten konsultieren und entscheiden, mit wem Sie zusammenarbeiten möchten. Sie können überlegen, welche Fragen am besten zu Ihrer Situation passen und dann Ihre Entscheidung treffen.

## Der Gang zum Psychiater

Nach der Evaluation durch einen Therapeuten kann dieser Ihnen vorschlagen, einen Psychiater aufzusuchen, der Ihnen Medikamente verschreibt. Die Medikamente, die zur Bewältigung der Symptome von Panikattacken eingesetzt werden, wurden in Kapitel sieben vorgestellt.

Der Psychiater wird Sie untersuchen und mit Ihrem Therapeuten zusammenarbeiten, um die richtigen Medikamente für Ihre individuelle Situation zu finden. Informieren Sie Ihren Psychiater unbedingt über alle medizinischen Probleme oder Nebenwirkungen, die bei Ihnen auftreten. Denken Sie daran, ihm mitzuteilen, ob Sie auf ein bestimmtes Medikament allergisch sind.

Auch wenn Sie von Ihren Panikattacken überwältigt werden können, ist es wichtig, dass Sie um Hilfe bitten. Es gibt viele verschiedene Therapieformen, durch die sich Ihre Panikstörung erfolgreich behandeln lässt. Auch gibt es verschiedene Medikamente, die bei Ihrer Therapie ebenfalls helfen können.

Wir wissen vielleicht nicht genau, was eine Panikattacke verursacht, aber es gibt bewährte Methoden, um mit der Intensität Ihrer Panikattacken umzugehen. Letztlich können Sie durch die vielfältigen Möglichkeiten, die Ihnen zur Verfügung stehen, Ihre Panikattacken erfolgreich behandeln.

## Zusammenfassung des Kapitels

In diesem Kapitel haben Sie Informationen über die gängigen Therapieformen zur Behandlung von Panikattacken bekommen. Es gibt mehrere Möglichkeiten, wie Sie einen Therapeuten finden können. Zu diesen Methoden gehören:

- Empfehlungen Ihres Hausarztes
- Empfehlungen von Freunden und Familie
- Überweisung durch Ihre Krankenversicherung

## ABSCHLIEßENDE WORTE

Wenn Sie schon einmal eine Panikattacke erlebt haben, werden Sie wissen, dass sich dies anfühlen kann, als ob Ihre Welt gerade untergehe. Ihr Körper weist Symptome auf, die so schwerwiegend sind, dass Sie glauben könnten, zu sterben. Es ist eine Sache, eine einzige Panikattacke zu haben, aber gleich mehrere - das kann das Leben ziemlich schwer machen. Eine Panikattacke ohne Intervention kann Sie so sehr beeinträchtigen, dass Sie Ihre Aktivitäten aufgeben und ständig in der Angst vor weiteren Anfällen leben. Tatsächlich gibt es zwei bekannte Phänomene, wenn es um Panikattacken geht: *Antizipierende Angst* und *Phobisches Vermeidungsverhalten*. Diese beiden Symptome einer Panikattacke können Sie buchstäblich aus der Bahn werfen. Aus Angst vor der Konfrontation mit Auslösern das Haus nicht mehr zu verlassen ist für eine Person, die unter dieser Art von Angriffen leidet, Realität.

Obwohl Panikattacken überwältigend und intensiv sein können, gibt es einen Ausweg. Es gibt viele Formen von Therapien und Strategien, die Ihnen helfen können, wenn Sie unter solchen Anfällen leiden. Die Techniken in diesem Buch können bei sorgfältiger Anwendung viel dazu beitragen, dass Ihre Panikattacken weniger intensiv werden und in einigen Fällen sogar ganz aufhören. In diesem Buch haben wir uns mit der Definition einer Panikattacke beschäftigt, mit Vorurteilen und Missverständnissen, mit der Frage, wie man Panikattacken stoppen kann, mit wirkungsvollen Entspannungstechniken, mit Möglichkeiten, Panikattacken zu verhindern sowie mit der richtigen Vorgehensweise, um Hilfe zu erhalten.

Das zentrale Thema dieses Buches war, die Botschaft zu vermitteln, dass Panikattacken gestoppt werden können. Es erfordert harte Arbeit in einer Therapie und aus eigenem Antrieb, aber es gibt Wege, die Panikattacken zu stoppen.

Es ist wichtig, daran zu glauben, dass Sie Ihre Panikattacken bezwingen können. In diesem Buch haben wir Irrtümer hinsichtlich Panikattacken klargestellt. Wir sind zu dem Entschluss gekommen, dass man an einer Panikattacke nicht sterben kann und dass Panikattacken nicht in den Wahnsinn führen.

Panikattacken sind keine Bagatelle - sie können Sie mit voller Wucht treffen. Sie können jedoch immer die in diesem Buch beschriebenen Ratschläge befolgen, um Ihren Panikattacken zu begegnen. Beispielsweise sind Ruhe und das Akzeptieren der Panikattacke der erste Schritt in die richtige Richtung. Sie glauben vielleicht, dass es keinen Weg gibt, Panikattacken zu entkommen, aber dem muss nicht so sein. Sie können standhaft sein und die fünf Schritte des AWARE-Systems anwenden: Anerkennung und Akzeptanz der Panikattacke, Warten und Werten, Aktionen zur Linderung der Symptome, Repetition bzw. Wiederholung dieser Schritte und Ende. Wenn Sie lernen, diese fünf Schritte durchzuführen, sind Sie auf dem besten Weg, Ihre Panikattacken zu meistern.

Das Schwierigste beim Umgang mit Panikattacken ist, dass es für sie keine allgemein bekannte und unmittelbare Ursache gibt. Das kann verwirrend sein, denn wenn wir nicht wissen, was eine Panikattacke verursacht, wie können wir sie dann beseitigen? Wie können wir dafür sorgen, dass sie nicht mehr stattfindet? Obwohl die Ursache von Panikattacken nicht bekannt ist, haben psychische Fachkräfte erfolgreiche Wege zur Behandlung von Panikattacken entwickelt. Ich habe diese Strategien in diesem Buch vorgestellt und kann sie guten Gewissens empfehlen.

Wenn Sie in der Durchführung der fünf Schritte des AWARE-Systems routiniert sind, hören Sie nicht damit auf. Stellen Sie sich Ihrer Panikattacke und wenden Sie die Schritte an, die Sie in Kapitel fünf gelernt haben. Seien Sie sich Ihrer Auslöser bewusst und begrenzen Sie Reize, um eine Panikattacke zu verhindern. Wenn Sie anfangen, in Panik zu geraten, entspannen Sie sich und atmen Sie tief ein oder entspannen Sie Ihre Muskeln, eine Gruppe nach der anderen, damit Sie die Spannung, die sich in Ihrem Körper entwickelt hat, lösen können. Stellen Sie sich Ihre Wohlfühlzone vor und seien Sie konsequent mit Ihren negativen Gedanken - arbeiten Sie daran, sie zu unterbinden. Vertreiben Sie sie vollständig aus Ihrem Geist und üben Sie vor allem Achtsamkeit - leben Sie in der Gegenwart, nicht in der Zukunft oder in der Vergangenheit. Diese Techniken funktionieren, weil sie Ihre Stressreaktionen positiv beeinflussen, die sich u. a. in einer beschleunigten Herzfrequenz, angespannten Muskeln und einer schnellen bzw. flachen Atmung äußern.

Wichtig ist auch, dass Sie sich entspannen und sich um die Stressoren in Ihrem Leben kümmern. Es reicht nicht aus, Ihre Auslöser nur zu kennen, Sie müssen auch sicherstellen, dass Sie nicht überfordert oder gestresst werden. Sie müssen vorausschauend handeln und sich ausgewogen ernähren, genügend Schlaf bekommen und Ihre Zeit so einteilen, dass Sie nicht überfordert werden.

Es ist entscheidend, dass Sie sich jemandem mit Ihrem Problem anvertrauen und um Hilfe bitten. Ihr erster Schritt war die Lektüre dieses Buches und Ihr nächster Schritt wird darin bestehen, die von uns besprochenen Strategien umzusetzen. Darüber hinaus möchten Sie vielleicht einen Therapeuten finden oder Ihre Freunde und Familie wissen lassen, wie sie Ihnen helfen können. Bereiten Sie einen Plan für den Fall vor, dass Sie eine Panikattacke haben und informieren Sie eine Person, die bei der Arbeit oder zu Hause bei Ihnen sein kann, um Ihnen bei einem Anfall zur Seite zu stehen. Auch die Kontaktaufnahme mit einem Therapeuten ist wichtig. Sie können sicher sein, unter den sechs gängigen Therapieformen eine zu finden, die für Sie wirksam ist.

Haben Sie keine Angst davor, die Schwierigkeiten, die Sie aufgrund Ihrer Panikattacken haben, mit anderen zu teilen. Eine Paar- und Familientherapie kann den Kontakt und das Gespräch mit Ihren Mitmenschen erleichtern. Auch wenn Sie sich vielleicht alleine fühlen, denken Sie daran, dass dies nicht der Fall ist. Die

Menschen in Ihrem Leben haben an diesen Attacken teil und es ist die natürlichste Sache der Welt, dass sie Sie unterstützen und Ihnen helfen wollen. Scheuen Sie sich nicht, auf sie zuzugehen und sie in Ihre Behandlungspläne einzubeziehen.

Mein größter Wunsch ist, dass dieses Buch Ihnen hilft, Ihren Weg aus den Panikattacken zu finden. Viel Glück - und verlieren Sie nicht den Mut!

# ANHANG

Um es noch hilfreicher für Sie zu gestalten, habe ich die 23 im Buch erwähnten Entspannungstechniken hier noch einmal zusammengestellt.

1. **Der erste der fünf Schritte des AWARE-Systems besteht darin, anzuerkennen und zu akzeptieren,** was während einer Panikattacke vor sich geht. Mit den fünf Schritten von AWARE ist es sogar möglich, die Panikattacke anzuhalten. Das Erste, das Sie tun müssen, ist, Ihre Angst anzuerkennen und zu akzeptieren (How to Stop Panic Attacks, o. J.).

   Der nächste Schritt von AWARE ist das *Warten*. Wenn Sie eine Panikattacke haben, werden Sie wahrscheinlich das Bedürfnis verspüren, zu fliehen oder sich zu wehren. Voreiliges Handeln wird die Dinge jedoch nur noch schlimmer machen. Wenn Sie eine Panikattacke haben, werden Sie oft in einen Zustand versetzt, in dem Sie nicht mehr klar denken können, daher neigen Sie eher dazu, etwas Unüberlegtes zu tun. Darüber hinaus treffen Sie Entscheidungen, die Ihre Situation nur noch verschlimmern können.

   Das Nächste, was Sie tun sollten, ist, zu beobachten und die Situation zu *bewerten*. Dies ist der Zeitpunkt, zu dem Sie versuchen sollten, die Mechanismen Ihrer Panikattacke zu verstehen. Was vor und während der Attacke geschieht, sind wichtige Aspekte, die es zu beachten gilt. Beobachten Sie diese Vorgänge und führen Sie ein Panik-Tagebuch, das Ihnen helfen kann, wichtige Komponenten der Panikattacke wahrzunehmen.

   Sie können diesem Schritt auch *Wirken* oder *Arbeiten* hinzufügen. Wenn Sie eine Panikattacke haben, sind Sie vielleicht nicht in der Lage, abzuwarten und sofort zu beobachten - hier kommt das Wirken ins Spiel. Nehmen Sie beispielsweise an, Sie sind im Auto unterwegs oder halten eine Präsentation. Verlieren Sie nicht die Fassung und laufen Sie nicht davon, sondern bleiben Sie der Sache zugewandt und bewegen Sie sich ruhig in Richtung Werten und Warten, während Sie Ihre Panikattacke haben.

Was tun Sie also, wenn eine Panikattacke ausbricht? Nun, Ihre Aufgabe ist es, sich während der Panikattacke wohler zu fühlen. Zu den Techniken, die sich für Menschen mit Panikattacken bewährt haben, gehören:

- Bauch- oder Zwerchfellatmung
- Sich während der Attacke selbst gut zureden
- Sich auf die Gegenwart einlassen
- Mit dem eigenen Körper arbeiten

Wenn Sie in einen neuen Zyklus einer intensiven Panikattacke eintreten, bleiben Sie rational und beginnen Sie den AWARE-Zyklus von vorn. Das mag Ihnen schwer fallen, aber wenn Sie anerkennen und akzeptieren, dass Sie eine längere Panikattacke haben, können Sie abwarten und beobachten (und möglicherweise mit dem aktiven Aspekt weitermachen). Sie können in *Aktion* treten und es sich bequemer machen, bis die Panikattacke schließlich endet.

Der letzte Schritt ist die *Beendigung* bzw. das *Ende* der Panikattacke.

Auch wenn Sie vielleicht glauben, dass es unmöglich ist, während einer Panikattacke etwas anderes zu tun als Entsetzen zu empfinden, lässt sich die Attacke unterdrücken. Am besten bringen Sie sich bei, sich zu konzentrieren und beschäftigen sich mit Dingen, die Ihre Konzentration von der Attacke ablenken.

2. **Lernen Sie, sich zu konzentrieren**

Es ist von zentraler Bedeutung, dass Sie nicht gegen die Panikattacke ankämpfen und sich nicht zu sehr hineinsteigern. Wenn Sie der Sache ruhig gegenübertreten und akzeptieren, was vor sich geht, besteht die Chance, dass Ihre Symptome etwas milder ausfallen.

3. **Bitten Sie um Hilfe**

Es kann hilfreich sein, Ihren Arzt um Empfehlungen für Therapeuten und Psychiater innerhalb seines professionellen Umfeldes zu bitten. So haben Sie ein Team, das einen einzigartigen und auf Sie zugeschnittenen Behandlungsplan ausarbeiten kann.

4. **Kontrollieren Sie Ihre Atmung**

Tiefes Einatmen und langsames Zählen bis vier beim Ein- und Ausatmen kann eine große Hilfe sein. Wenn Sie weiterhin panisch atmen, kann dies Ihre Angst verstärken und zu extremer Anspannung in Ihrem Körper führen, was zu weiteren körperlichen Symptomen, wie Enge- oder Schweregefühl in der Brust, führen kann. Daher ist es wichtig, sich auf die Kontrolle Ihrer Atmung zu konzentrieren.

Wenn Sie tief einatmen, so als würden Sie einen Ballon aufblasen, erlauben Sie Ihren Lungen, sich langsam und gleichmäßig zu füllen (Crawford, 2018). Wenn Sie langsam zählen, während Sie Ihre Lungen oder Ihren Bauchraum ausdehnen, können Sie sich auf etwas anderes als Ihre Panikattacke konzentrieren und dies kann Ihnen helfen, Ihre Panikattacke zu überstehen.

5. **Medikamente zur Behandlung von Panikattacken**

Es gibt verschiedene andere Techniken, die Ihnen während eines Angriffes helfen können. Was Sie sicherlich in Betracht ziehen sollten, ist die Einnahme von Medikamenten, die helfen, Ihre Anfälle zu behandeln. Wenn Sie von einem

Psychiater oder Ihrem Hausarzt behandelt werden, können Ihnen Medikamente verschrieben werden, die Ihnen helfen, die Intensität einer Panikattacke zu mildern. Diese Medikamente können Ihnen zur regelmäßigen Einnahme - morgens, abends oder tagsüber - verschrieben werden oder nach Bedarf.

### 6. Vermeiden Sie Reizüberflutungen

Wenn Sie aufgrund überwältigender Reize Panikattacken bekommen, ist es wichtig, sich nach Möglichkeit von hellem Licht und lauten Geräuschen fernzuhalten. Wenn Sie die Konfrontation mit der Beleuchtung nicht verhindern können und feststellen, dass helles Licht Ihre Panikattacke auslöst, versuchen Sie, sich dem zentralen Bereich zu entziehen. Sollte dies nicht möglich sein, suchen Sie eine Stelle im Raum, an der Sie dem Auslöser nur begrenzt ausgesetzt sind. Versuchen Sie dann, sich auf Ihre Atmung oder eine andere Handlung zu konzentrieren, von der Sie glauben, dass sie die Intensität Ihrer Panikattacke verringern könnte.

### 7. Panikattacken und Ihre Auslöser

Wie werden Sie sich der möglichen Auslöser Ihrer Panikattacke bewusst? Hier bietet sich die Möglichkeit an, ein Tagebuch über die Ereignisse zu führen, die Ihre Panikattacken auslösen.

Wenn Sie ein Tagebuch über Ihre Panikattacken führen, können Sie Muster oder Hinweise darauf erkennen, ob bestimmte Situationen Grund für Ihre Panikattacken sein könnten. Bis Sie diese Situationen mit Ihrem Therapeuten durcharbeiten können, ist es ratsam, sich der Dinge bewusst zu werden, die ein potenzielles Risiko darstellen. Gehen Sie jedoch nicht so weit, dass Sie vollkommen zu Hause bleiben oder nicht an etwas teilnehmen, das gut für Sie ist, nur weil Ihre Teilnahme Sie möglichen Triggern aussetzen könnte. In der Therapie können Sie darauf hinarbeiten, sich selbst für Situationen zu desensibilisieren, die vor einer Panikattacke auftreten. Es ist wichtig, dass Sie Ihre Auslöser erkennen und aktiv darauf hinarbeiten, gesund mit ihnen umzugehen.

8. **Bewegung setzt Endorphine frei**

   Eine weitere gesunde Art und Weise, mit einer Panikattacke umzugehen, ist moderate Bewegung. Auch wenn es keine Möglichkeit gibt, sich auf eine Panikattacke vorzubereiten, so ist doch Bewegung etwas, durch das eine Besserung Ihres Gemütszustandes erzielt werden kann.

   Bewegung ist mehr als nur den Körper zu straffen und Kalorien zu verbrennen - sie hilft, Endorphine in Ihrem Körper freizusetzen, die Ihre Stimmung verbessern und Ihren Körper entspannen (Crawford, 2018).

   Schon bei moderatem Gehen setzen Sie die Endorphine in Ihrem System frei. Selbst leichte Übungen können Ihnen helfen, mit einer stressigen Umgebung zurechtzukommen. Ein kurzer Spaziergang während einer stressigen Zeit kann Ihnen helfen, Ihre Atmung zu regulieren und nervöse Spannungen, die sich in Ihnen aufgebaut haben, abzubauen.

   Ein Spaziergang während einer Panikattacke kann Ihnen helfen, sich auf etwas anderes als die Auslöser zu konzentrieren und zudem den starken Kampf- oder Fluchtimpulsen entgegenwirken. Zusammenfassend lässt sich sagen, dass Bewegung viele Vorteile hat, wenn Sie von Panikattacken betroffen sind.

9. **Seien Sie achtsam**

   Achtsamkeit ist der Zustand, sich des Geschehens um sich herum bewusst zu werden. Achtsamkeit kann Ihnen im Umgang mit der Gegenwart helfen - nicht mit der Vergangenheit oder Zukunft. Achtsamkeit ist sehr nützlich in der Vergegenwärtigung des Augenblickes: Sie akzeptieren, dass Sie eine Panikattacke haben und werden sich Ihrer körperlichen Empfindungen, Gedanken und Gefühle bewusst.

Ein Therapeut würde Achtsamkeit als zielgerichtete Aufmerksamkeit definieren (Niemiec, 2017). Manchmal haben Sie bei einer Panikattacke das Gefühl, von der Realität abgekoppelt zu sein. Es gibt jedoch Übungen, die Sie während einer Panikattacke durchführen können, um zu sich selbst zurückzufinden. Einige Beispiele solcher Übungen sehen wie folgt aus:

1. Hören Sie sich vier verschiedene Klänge an und überlegen Sie sich, was sie alle voneinander unterscheidet.

2. Lenken Sie Ihre Aufmerksamkeit auf fünf verschiedene Dinge um Sie herum und achten Sie dabei darauf, inwiefern sich jedes einzelne von den anderen unterscheidet.

3. Wählen Sie drei Objekte aus und zählen Sie sich selbst die Unterschiede (z. B. in ihrer Beschaffenheit, Verwendung und Temperatur) auf.

4. Konzentrieren Sie sich auf ein oder zwei verschiedene Gerüche um Sie herum. Was sind das für Gerüche? Haben Sie diese schon einmal gerochen?

5. Probieren und schmecken Sie - etwa ein Bonbon, das Sie in Ihrer Tasche oder Geldbörse haben.

Solche Übungen werden Ihren Fokus von der Panikattacke ablenken und Sie in die Gegenwart zurückbringen (Legg, 2018).

## 10. Richten Sie Ihre Aufmerksamkeit auf einen Gegenstand

Achtsam zu sein ist ein guter Weg, um in der Gegenwart zu verweilen und sich zu konzentrieren. Allerdings könnte es anfangs schwierig sein, ohne eine gewisse Übung Achtsamkeit zu erreichen. Etwas, das Sie tun können, um gut darin zu werden, ist, sich auf ein Objekt zu konzentrieren.

Diese einfache Aufgabe kann Ihnen eine Hilfe sein, wenn Sie eine Panikattacke haben. Suchen Sie sich ein Objekt in Ihrer

Nähe aus und konzentrieren Sie sich vollständig darauf. Studieren Sie dieses Objekt und bestimmen Sie seine Eigenschaften. Dies wird Ihnen helfen, sich zu konzentrieren. Welche Farbe und Form hat der Gegenstand? Wie ist seine Beschaffenheit? Solche Fragen können Ihnen helfen, Ihren Fokus darauf einzustellen.

## 11. Muskelentspannung

Der Schlüssel zu dieser Übung besteht darin, Ihre Atmung zu verlangsamen und sich die Erlaubnis zur Entspannung zu geben. Wenn Sie ruhig sind, wird sich Ihre Atmung verlangsamen und Sie können beginnen, sich auf Ihre einzelnen Muskelgruppen zu konzentrieren und im Geiste loszulassen. Diese Übung, auch bekannt als *Progressive Muskelentspannung*, besteht darin, sich auf jede einzelne Muskelgruppe in Ihrem Körper zu fokussieren und zu visualisieren, wie sich die Muskeln entspannen.

Es gibt viele verschiedene Muskelgruppen, auf die Sie sich konzentrieren können, auch wenn dies bedeutet, dass Sie sich eine ganze Reihe von Gruppen merken müssen. Einige gute Ansatzpunkte sind die Konzentration auf Ihre Arme, dann auf den Kopf, den Nacken, die Schultern, die Brust, danach auf die Hüften und schließlich auf Ihre Beine und Füße. Spannen Sie diese Muskelgruppen nacheinander an und fühlen Sie diese Spannung fünf Sekunden lang, bevor Sie Ihre Muskeln loslassen und sich zehn Sekunden lang entspannen. Machen Sie dies mit Ihrem ganzen Körper. Die Progressive Muskelentspannung hat einen zweifachen Nutzen: Erstens gibt sie Ihnen etwas, womit Sie sich beschäftigen können und zweitens können Sie die Muskeln lockern, die sich während Ihrer Panikattacke wahrscheinlich ziemlich verkrampfen.

## 12. Finden Sie Ihre Wohlfühlzone

Jeder hat einen Ort, an dem er sich glücklich und wohlfühlt. Vielleicht ist es eine Bank in einem schönen Park oder irgendwo am Strand. Jeder Mensch hat seine ganz eigene Wohlfühlzone.

Wenn Sie Mühe damit haben, sich auf etwas im Raum zu konzentrieren, schließen Sie Ihre Augen und reisen Sie gedanklich in Ihre Wohlfühlzone. Nehmen Sie sich einen Augenblick Zeit, um darüber nachzudenken, wie Sie sich an diesem Ort fühlen. Denken Sie an so viele Details, wie Ihnen einfallen und konzentrieren Sie sich ganz darauf.

Wenn Sie eine Panikattacke haben, ist es wichtig, dass Sie Ihr subjektives Zeitempfinden verlangsamen. Versuchen Sie, die Details aufzurufen, die Ihre Konzentration erfordern, wenn Sie an Ihre Wohlfühlzone denken. Das Nachdenken über den Geruch, das Gefühl und die Klänge dieses Ortes ist ein simpler Weg, sich neu zu konzentrieren. Sie müssen sich nicht unbedingt an die kleinsten Details Ihrer Wohlfühlzone erinnern, wie etwa die genaue Anzahl der Treppen vom Strand bis zum Innenhof oder den Farbverlauf der Wände. Halten Sie es einfach und praktikabel.

Wenn Sie zu den Details Ihrer Wohlfühlzone zurückgekehrt sind, konzentrieren Sie sich darauf, gedanklich dorthin zu reisen. Atmen Sie langsam durch Nase und Mund ein und konzentrieren Sie sich auf Ihre Atmung wie auch auf die Details Ihrer Wohlfühlzone. Fahren Sie damit fort, bis die Panikattacke zu schwinden beginnt (Legg, 2018).

### 13. Legen Sie sich ein Mantra zurecht

Ein Mantra ist ein Wort, Satz oder Laut, das Ihnen helfen kann, sich zu konzentrieren (Crawford, 2018). Ich denke z. B. gerne an das Wort „glücklich", wenn ich unter Stress stehe. Vielleicht haben Sie ein Wort oder eine Phrase, die Sie glücklich macht, wie z. B. „Zu Hause ist es am schönsten."

Indem Sie dieses Mantra wiederholen, wenden Sie sich von der Panikattacke ab und denken und tun etwas Positives für sich selbst. Ein anderer guter Satz, den Sie während einer Panikattacke verwenden können, lautet: „Auch das wird vorübergehen." Dieses spezielle Mantra lenkt Sie nicht nur von Ihrer Panikattacke ab, sondern gibt Ihnen auch die Zuversicht, dass das, was Sie durchmachen, irgendwann zu Ende geht und dass es nicht ewig dauern wird.

Wenn Sie Ihr Mantra gefunden haben, probieren Sie es aus und sehen Sie, wie es Ihnen hilft, Ihre Atmung zu regulieren und Ihre Muskeln zu entspannen. Dies ist eine hilfreiche Maßnahme, um Ihre Panikattacken zu stoppen, denn sie hilft nicht nur bei der Entspannung. Ein gutes Mantra kann Sie auch beruhigen und Ihnen helfen, die Angst zu überwinden.

### 14. Bitten Sie um Unterstützung während Ihrer Panikattacke

Wenn Sie von einer Panikattacke betroffen sind, kann es hilfreich sein, Unterstützung zu erhalten. Vielleicht haben Sie einen Ehepartner oder einen Freund, dem Sie von diesen Panikattacken erzählen können. Suchen Sie sich eine wichtige Person in Ihrem Leben aus, die Ihnen während einer Panikattacke zur Seite steht.

### 15. Atemübungen

- Bitten Sie jemanden, einen ruhigen und angenehmen Ort zu finden, an welchem Sie sich während der Panikattacke hinsetzen können.
- Sobald Sie es sich an diesem Ort bequem gemacht haben, legen Sie eine Hand auf Ihren Bauch, die andere auf Ihre Brust. Nun atmen Sie tief ein und aus. Ergänzend können Sie sich beim Einatmen vorstellen, wie sich Ihr Bauchraum, ähnlich wie ein Ballon, mit Luft füllt.

- Atmen Sie langsam und regelmäßig durch die Nase ein. Beobachten und spüren Sie Ihre Hände beim Einatmen. Die Hand auf Ihrer Brust sollte ruhig bleiben, während sich die Hand auf Ihrem Bauch leicht bewegt.
- Atmen Sie langsam durch Ihren Mund aus.
- Wiederholen Sie diesen Vorgang mindestens zehn Mal oder zumindest, bis sich ihre Angst etwas beruhigt hat.

Eine andere Atemtechnik besteht darin, sich mit dem Daumen und dem Mittelfinger die Nasenlöcher zuzuhalten. Heben Sie den Mittelfinger an und atmen Sie ein. Beobachten Sie dabei, wie sich die auf Ihrem Bauch platzierte Hand bewegt. Halten Sie den Atem an und verschließen Sie mit dem Mittelfinger das Nasenloch wieder. Jetzt ist der Daumen mit der Anhebung dran. Atmen Sie die eingeatmete Luft durch das offene Nasenloch aus. Wenn Sie damit fertig sind, beginnen Sie den Prozess erneut. Wiederholen Sie diese Übung, bis Sie sich besser fühlen. Diese Art der Atmung findet große Beliebtheit in der Yoga-Meditation.

## 16. Die Macht positiver Gedanken

Zunächst sollten Sie sich in Erinnerung rufen, dass es nur Ihre Gedanken sind, die Sie ängstlich machen. Dann müssen Sie diese negativen Gedanken unterbinden und mehr positives Denken in Ihren Kopf bringen, sodass Sie die Negativität stoppen oder unterbrechen können. Zu den Techniken, die Sie ausprobieren können, gehören die folgenden:

- Denken Sie an einen geliebten Menschen und jene Eigenschaften, die Sie an ihm schätzen.
- Denken Sie an etwas in der Zukunft, worauf Sie sich freuen. Das kann z. B. ein Kinobesuch oder ein Essen in einem hervorragenden Restaurant sein.
- Tragen Sie Ihr Lieblingsbuch bei sich. Wenn sich eine Panikattacke anbahnt, können Sie es hervornehmen und darin lesen.

- Schalten Sie das Radio ein oder spielen Sie aufmunternde Musik auf Ihrem Smartphone ab.
- Falls Sie vor der Panikattacke mit etwas Wichtigem beschäftigt waren, versuchen Sie, sich wieder vollständig dieser Sache zu widmen.

Mobilisieren Sie diese Techniken und unterbrechen Sie die Gedanken, die Ihre Panikattacke verschlimmern. Es ist wichtig, Ihre Aufmerksamkeit von der Angst auf etwas Positives umzulenken. Dies kann Sie aus der Panikattacke befreien.

## 17. Aufmerksam in der Gegenwart leben

Die Ausübung von Achtsamkeit kann äußerst lohnenswert sein. Vor einer Panikattacke sollten Sie Achtsamkeit praktizieren, sodass diese zur Selbstverständlichkeit wird. Um Achtsamkeit zu üben, können Sie die folgenden Dinge tun:

- Reisen Sie gedanklich an einen ruhigen und angenehmen Ort. Setzen Sie sich und schließen Sie die Augen.
- Konzentrieren Sie sich auf Ihre Atmung und auf Ihre Körperempfindung.
- Verschieben Sie Ihren Fokus von Ihrer Atmung und Ihrem Körper und achten Sie darauf, was um Sie herum ist. Richten Sie Ihre Aufmerksamkeit auf das, was Sie hören, fühlen und riechen. Stellen Sie sich die folgende Frage: „Was passiert um mich herum?"
- Bleiben Sie aufmerksam und wechseln Sie hin und her zwischen der Konzentration auf Atmung und Körper und der Wahrnehmung Ihrer Umgebung, bis die Angst zu schwinden beginnt.

Achtsamkeit ist der beste Weg, um in die Gegenwart zurückzufinden. Sie ist auch ein sehr wichtiges Instrument, das bei einer Panikattacke eingesetzt werden kann. Bei der Achtsamkeit geht es darum, einen ruhigen Zustand zu erreichen und die negativen Gedanken, die während einer Panikattacke auftreten, auszuschalten. Wenn Sie achtsam sind, leben Sie in der Gegenwart, welche auch keine Vergangenheit oder Zukunft kennt, über die Sie sich Sorgen machen müssten - nur die Gegenwart zählt.

## 18. Spannungen abbauen

Neben der Progressiven Muskelentspannung gibt es auch noch andere Vorgehensweisen, die Sie während einer Panikattacke ausprobieren können (Legg, 2018):

1. Suchen Sie sich einen gemütlichen Ort. Schließen Sie die Augen und fokussieren Sie sich auf Ihre Atmung. Atmen Sie langsam durch die Nase ein, anschließend atmen Sie durch Ihren Mund aus.
2. Ballen Sie Ihre Hand zu einer Faust und drücken Sie sie so fest wie nur möglich zusammen.
3. Verweilen Sie einige Sekunden in dieser Position und denken Sie an die Spannung in Ihrer Hand.
4. Öffnen Sie Ihre Hand langsam und nehmen Sie wahr, wie die Spannung Ihre Hand verlässt. Fühlen Sie, wie Ihre Hand nach und nach leichter wird, während Sie sich entspannen.
5. Versuchen Sie diese Technik mit anderen Körperteilen, wie den Beinen, Schultern und Füßen.

## 19. Zählen - eine einfache Technik

Eines der einfachsten Dinge, die Sie tun können, wenn Sie eine Panikattacke haben, ist das Zählen. Wenn die Panikattacke beginnt, begeben Sie sich an einen ruhigen und sicheren Ort. Sollten Sie sich beim Autofahren oder in einer Menschenmenge befinden, begeben Sie sich an den Straßenrand oder an einen sicheren Ort, an dem Sie sich setzen können. Sobald Sie sich an diesem sicheren Ort befinden, schließen Sie Ihre Augen und beginnen, bis zehn zu zählen. Es kann schwierig sein, sich während einer Panikattacke darauf zu konzentrieren, aber haben Sie Geduld mit sich selbst und versuchen Sie, weiterzumachen. Wenn Sie bei zehn angelangt sind, versuchen Sie, bis 20 zu zählen. Machen Sie so lange weiter, bis Ihre Angst verschwindet.

Wenn Sie Ihre Augen nicht schließen können, können Sie dennoch zählen. Machen Sie einfach weiter und zählen Sie so weit Sie können oder zählen Sie immer wieder bis zur gleichen Zahl. Vergessen Sie beim Zählen nicht, auf Ihre Atmung zu achten.

## 20. Planen Sie

Suchen Sie sich einen Freund oder ein Familienmitglied aus, das Ihnen bei einer Panikattacke zur Seite steht. Erstellen Sie einen Plan, den diese Person befolgen kann, wenn Sie eine Panikattacke haben. Sie können sich z. B. an einen ruhigen und sicheren Ort bringen lassen. Ergänzend können Sie dieser Person eine Atemtechnik zur Verringerung der Intensität der Attacke erklären. Besprechen Sie in jedem Fall, ob und unter welchen Umständen diese Person den Gang zur Notaufnahme erwägen sollte. Insgesamt ist es wichtig, einen Plan zu haben, den Sie mit einer Person Ihres Vertrauens teilen können.

## 21. Achten Sie auf Ihre Atmung

Ein häufiges Symptom von Panikattacken sind Kurzatmigkeit und die Sorge, zu hyperventilieren. Um dies zu vermeiden, sollten Sie während einer Panikattacke an die Anwendung Ihrer Atemtechniken denken. Lernen Sie, wie Sie Ihre Atmung verlangsamen können. Ein guter Ansatz zur Unterbindung Ihrer Atemnot sieht wie folgt aus: Atmen Sie tief ein, während Sie bis zehn zählen. Dann zählen Sie beim Ausatmen ebenfalls bis zehn. Durch bewusstes Atmen können Sie sich selbst beruhigen und die Intensität Ihrer Panikattacke verringern (Star, 2020).

## 22. Verkürzen Sie die Dauer

Rufen Sie jemanden an, der bereit ist, Sie bei einer Panikattacke zu unterstützen. Versuchen Sie zudem, bis 100 zu zählen oder sich einer anderen mentalen Aktivität zu widmen, die Sie von Ihrer Panikattacke ablenken kann.

## 23. Teilen Sie sich Ihre Zeit gut ein, um Stress entgegenzuwirken

Teilen Sie zu erledigende Aufgaben in überschaubare Teile auf und setzen Sie sich Fristen, um diese zu bearbeiten. Verpflichten Sie sich nicht zu mehr Arbeit, als Sie bewältigen können. Es ist auch gut, Ihr Privatleben so zu gestalten, dass Sie einen strukturierten Zeitplan mit Auszeiten und Entspannungsphasen haben. Versuchen Sie, in Ihrem Privatleben Kollegen und Mitmenschen Grenzen zu setzen, denn es ist wichtig, dass Sie so oft wie möglich Ruhephasen haben.

# REFERENZEN

American Psychiatric Association (2013). *Diagnostic and Statistical Manual of Mental Disorders* (5. Auflage). American Psychiatric Association.

Ankrom, S. (2019). Psychotherapy for treating panic disorder. *Verywell Mind.* https://www.verywellmind.com/psychotherapy-for-the-treatment-of-panic-disorder-2584312

Anxiety and Depression Association of America (o. J.). Facts and Statistics. *Anxiety and Depression Association of America.* https://adaa.org/about-adaa/press-room/facts-statistics

Carbonell, D. (2020). A breathing exercise to calm panic attacks. *Anxiety Coach.* https://www.anxietycoach.com/breathingexercise.html

Carbonell, D. (2020). The key to overcoming panic attacks. *Anxiety Coach.* https://www.anxietycoach.com/overcoming-panic-attacks.html

Carlsen, M. H., Halvorsen, B. L., Holte, K. Bøhn, S. K., Dragland, S., Sampson, L., Willey, C., Senoo, H., Umezono, Y., Sanada, C., Barikmo, I., Berhe, N., Willett, W. C., Phillips, K. M., Jacobs, D. R. Jr., & Blomhoff, R. (2010). The total antioxidant content of more than 3100 foods, beverages, spices, herbs and supplements used worldwide. *Nutrition Journal*, 9, 3. https://doi.org/10.1186/1475-2891-9-3

Cirino, E. (2018). Anxiety exercises to help you relax. *Healthline.* https://www.healthline.com/health/anxiety-exercises

Crawford, J. (2018). How can you stop a panic attack? *Medical News Today.* https://www.medicalnewstoday.com/articles/321510

Elliot, C. H., & Smith, L. L. (2010). *Overcoming anxiety for dummies* (2. Auflage). Wiley Publishing Inc.

*Exposure therapy.* (2015). GoodTherapy. https://www.goodtherapy.org/learn-about-therapy/types/exposure-therapy

Gotter, A. (2018). 11 ways to stop a panic attack. *Healthline*. https://www.healthline.com/health/how-to-stop-a-panic-attack

Gotter, A. (2019). EMDR therapy: What you need to know. *Healthline*. https://www.healthline.com/health/emdr-therapy

Healthline Editorial Team. (2018). Everything you need to know about stress. *Healthline*. https://www.healthline.com/health/stress

Hilmire, M. R., DeVylder, J. E., & Forestell, C. A. (2015). Fermented foods, neuroticism, and social anxiety: An interaction model. *Psychiatry Research, 228(2)*, 203-8. https://doi.org/10.1016/j.psychres.2015.04.023

Holmes, L. (2017). Panic attack myths we need to stop believing. *Huffington Post*. https://www.huffingtonpost.ca/entry/panic-attack-myths_n_6509750

*How can I prevent panic attacks?* (2019). WebMD. https://www.webmd.com/anxiety-panic/how-prevent-panic-attacks#1

*How do you feel scared?* (o. J.). This Way Up. https://thiswayup.org.au/how-do-you-feel/scared/

*How to stop panic attacks?* (o. J.). Barends Psychology Practice. https://barendspsychology.com/how-to-stop-panic-attacks/

*Katie's story: Recovering from panic attacks, anxiety, and depression* (o. J.). Mental Health Foundation. https://www.mentalhealth.org.uk/stories/katies-story-recovering-panic-attacks-anxiety-and-depression

Mayo Clinic Staff. (o. J.). Panic attacks and panic disorder. Mayo Clinic. https://www.mayoclinic.org/diseases-conditions/panic-attacks/symptoms-causes/syc-20376021

Miller, T. (2017). 9 people describe what it feels like to have a panic attack. *Self*. https://www.self.com/story/9-people-describe-what-it-feels-like-to-have-a-panic-attack

Naidoo, U. (2019). Nutritional strategies to ease anxiety. *Harvard Health Publishing*. https://www.health.harvard.edu/blog/nutritional-strategies-to-ease-anxiety-201604139441

Niemiec, R. M. (2017). 3 definitions of mindfulness that might surprise you. *Psychology Today*. https://www.psychologytoday.com/us/blog/what-matters-most/201711/3-definitions-mindfulness-might-surprise-you

*Panic and panic attacks*. (2019). GoodTherapy. https://www.goodtherapy.org/learn-about-therapy/issues/panic

Rauch, J. (2016). How to handle a panic attack at work: The complete guide. *The Talkspace Voice*. https://www.talkspace.com/blog/how-to-handle-a-panic-attack-at-work-the-complete-guide/

Smith, M., Segal, R., & Segal, J. (2019). Therapy for anxiety disorders. *HelpGuide*. https://www.helpguide.org/articles/anxiety/therapy-for-anxiety-disorders.htm

Star, K. (2019). Cognitive behavioral therapy for panic disorder. *Verywell Mind*. https://www.verywellmind.com/cognitive-behavioral-therapy-2584290

Star, K. (2019). EMDR for panic attacks and anxiety. *Verywell Mind*. https://www.verywellmind.com/emdr-for-panic-disorder-2584292

Star, K. (2016). 7 common myths about panic attacks. *Verywell Mind*. https://www.verywellmind.com/common-myths-about-panic-attacks-2584405

*The key to calm: 10 relaxation techniques for panic attacks*. (o. J.). Dignity Health. https://www.dignityhealth.org/articles/the-key-to-calm-10-relaxation-techniques-for-panic-attacks

Vandergriendt, C. (2019). What's the difference between a panic attack and an anxiety attack? *Healthline*. https://www.healthline.com/health/panic-attack-vs-anxiety-attack

*Ways to stop a panic attack*. (2019). WebMD. https://www.webmd.com/anxiety-panic/ss/slideshow-ways-to-stop-panic-attack

# BONUSHEFT

Als Beilage zu diesem Buch erhalten Sie ein kostenloses E-Book zum Thema „14 Tage Achtsamkeit".

In diesem Bonusheft entdecken Sie bewährte Achtsamkeitstechniken, die Sie in Ihrem Alltag problemlos anwenden können, um mehr im gegenwärtigen Moment zu leben. Sie werden damit täglich mehr Ruhe und Frieden in Ihr Leben bringen.

Sie können das Bonusheft folgendermaßen erhalten:

Öffnen Sie ein Browserfenster auf Ihrem Computer oder Smartphone und geben Sie Folgendes ein:

[de.derickhowell.com](de.derickhowell.com)

Sie werden dann automatisch auf die Download-Seite geleitet.

Bitte beachten Sie, dass dieses Bonusheft nur für eine begrenzte Zeit zum Download verfügbar ist.

www.ingramcontent.com/pod-product-compliance
Lightning Source LLC
Chambersburg PA
CBHW071350080526
44587CB00017B/3048